L'HYPNOTISME

ET

LES RELIGIONS

OU

LA FIN DU MERVEILLEUX

PAR X. X.

AUTEUR DE « ÇA ET LA DANS LA BIBLE »

PRIX : 75 CENTIMES

BORDEAUX
LIBRAIRIE NOUVELLE
MARCELIN LACOSTE, LIBRAIRE-ÉDITEUR
3, place de la Comédie, 3

1887

L'HYPNOTISME

ET LES RELIGIONS

OU

LA FIN DU MERVEILLEUX

L'HYPNOTISME

ET

LES RELIGIONS

OU

LA FIN DU MERVEILLEUX

PAR X. X.

AUTEUR DE « ÇA ET LA DANS LA BIBLE »

BORDEAUX

LIBRAIRIE NOUVELLE

MARCELIN LACOSTE, LIBRAIRE-ÉDITEUR

3, place de la Comédie, 3

1887

I

LE MERVEILLEUX NATUREL

Il y a mille moyens de produire le sommeil nerveux ou hypnotisme. La fixité du regard, une légère pression sur les yeux et sur la tête, l'attouchement de certains points du corps dits *points hystériques,* la simple suggestion mentale ou la volonté exprimée avec autorité, suffisent le plus souvent pour produire des phénomènes hypnotiques plus ou moins complets, suivant le tempérament du sujet. On peut du reste s'hypnotiser soi-même par l'immobilité, par la contemplation prolongée d'un même objet, ou en fixant fortement sa pensée pendant un temps considérable sur un même sujet de méditation. Plus n'est besoin du baquet de Mesmer, ni de l'arbre de Puységur, ni des passes du magnétisme. J. Braid et ses continuateurs, notamment M. Charcot, ont démontré que c'est en nous-mêmes que réside la capacité hypnotique, et non dans un fluide étranger. Mais une action extérieure, une certaine mise en scène est toujours utile pour impressionner l'imagination et agir sur le système nerveux.

D'après les statistiques médicales, sur cent personnes parfaitement saines d'esprit et de corps, il y en a une trentaine environ qui sont susceptibles d'être hypnotisées à des degrés variables. Lorsqu'il est question de personnes ayant donné quelques signes d'hystérie ou de troubles nerveux, la proportion des sujets hypnotisables s'élève jusqu'à 95 0/0.

Prenez un de ces sujets, mettez-le dans l'état hypnotique, et dites-lui que telle ou telle partie de son corps ou que son corps tout entier est devenu insensible : vous pourrez percer et lacérer ses chairs, le clouer sur une croix ou lui faire l'amputation d'un membre, sans qu'il éprouve aucune douleur. On reproduit ainsi — par la seule suggestion mentale — les effets de l'éther et du chloroforme. Bien avant que l'on parlât d'hypnotisme, le Dr Trousseau avait découvert la puissance de la suggestion sur des sujets hystériques. Il guérissait des maladies nerveuses invétérées avec des boulettes de mie de pain. On disait au malade que ces boulettes renfermaient un poison violent, constituant un remède souverain dans son cas, et la boulette de mie de pain agissait, en effet, comme un poison violent et parfois comme un remède efficace. Les annales de la science renferment plusieurs observations de paralysies, existant depuis des années, qui furent ainsi guéries. Dans d'autres circonstances, on avait recours à des semblants d'opérations. Tantôt, c'étaient des pointes de feu, tantôt l'introduction d'une sonde dans l'œsophage, sous prétexte de déboucher l'estomac. Dans plusieurs cas, on s'est servi de l'hypnotisme pour pratiquer sans douleur l'amputation d'une jambe ou d'un bras, ou pour neutraliser les douleurs de l'enfantement.

Par un phénomène analogue, qu'un malade atteint d'une névrose quelconque, paralysie ou autre, se mette dans la tête qu'il sera guéri par un pèlerinage, il arrive à Lourdes ou à la Salette, et parfois, à la première goutte d'eau qui touche son corps ou qu'il absorbe, il est guéri.

Mais ni Lourdes, ni aucun autre lieu de pèlerinage n'ont jamais fait repousser un cheveu tombé, un doigt, un bras ou une tète coupés, parce qu'il n'y a là aucun phénomène nerveux sur lequel la suggestion mentale puisse avoir prise.

Quant à ressusciter des morts, la chose est plus facile, car on n'a jamais ressuscité que des gens plongés dans un sommeil léthargique ou cataleptique. C'est ce que prouve le témoignage de l'Évangile lui-même. Lorsque Jésus est appelé auprès de la fille de Jaïre, que l'on croyait morte, il dit : « Pourquoi faites-vous tant de bruit et pourquoi pleurez-vous? Cette jeune fille n'est pas morte, elle n'est qu'endormie. » Alors, ayant fait sortir tout le monde et la prenant par la main, il lui dit : « *Talitha cumi,* » c'est-à-dire : « Jeune fille, levez-vous. » Au même instant, la jeune fille se leva et se mit à marcher. (Saint Marc, ch. V, vers. 38-43.) — Ainsi Jésus lui-même déclare que la mort de cette jeune fille n'est qu'apparente. Il ne l'a donc tirée que d'un sommeil léthargique ou cataleptique, comme nous en voyons tous les jours des exemples dans nos hôpitaux.

Dans les Indes, les prêtres-médecins et les thaumaturges font usage de la suggestion mentale, non seulement pour guérir certaines maladies, mais même pour pratiquer sans douleur des opérations chirurgicales très graves, telles que celles des cas d'éléphantiasis, si communs dans ces contrées. A l'aide de certaines cérémonies religieuses, le système nerveux du malade est impressionné de telle sorte qu'il devient insensible à la douleur. Les Arabes s'hypnotisent en balançant leur tête d'avant en arrière, et ils ont alors mille visions du ciel ou de l'enfer. Les faquirs tombent dans le même état en contemplant le nombril de Bouddha ou de Brahma, d'autres en contemplant leur propre nombril ou le bout de leur nez. Ils restent ainsi immobiles pendant des années, abîmés dans leurs visions.

Il paraît qu'il y a une douceur infinie dans cet anéantissement, dans cet isolement de la partie pensante d'avec le monde extérieur, dans cet affranchissement du cerveau des conditions ordinaires de la vie physique. Les uns demandent ces voluptés mystérieuses au hadchish, à l'opium ou à la morphine; les autres, à la méditation religieuse, à la contemplation divine et à l'hypnotisme extatique. Les ravissements des sainte Thérèse et des François d'Assise n'ont pas d'autre explication, de même que ceux du premier Bouddha. Le *Nirvana* ou paradis bouddhique n'est autre chose que l'état d'hypnose poussé à son maximum d'intensité.

Toutes les religions ont eu leurs miracles et leurs martyrs, bien que chacune d'elles se donne pour la seule véritable et divine, prétendant que les autres n'ont que de faux miracles et de faux martyrs. Mais la science moderne a réduit tous ces prétendus miracles au rang de simples phénomènes nerveux. Quant à l'impassibilité des martyrs au milieu des plus affreux supplices, on l'explique aisément par l'hypnotisme extatique où les jetait l'exaltation de leur foi religieuse. Sainte Blandine était assise sur une chaise de fer rougie au feu et chantait — ravie en esprit, tandis que ses chairs grésillaient et fumaient, répandant une odeur de viande brûlée; les premiers chrétiens d'Asie-Mineure se pressaient en si grand nombre devant les tribunaux pour demander le martyre, sous l'empire d'une véritable contagion de névrose, que les proconsuls étaient obligés de les faire chasser par les soldats. Les derviches tournent sur eux-mêmes et se frappent de leurs poignards à coups redoublés. Les fanatiques pèlerins de Jagernaut se font écraser les membres sous les roues du char de Vichnou, en chantant les louanges de leur Dieu. Les extatiques Indiens s'infligent avec joie les plus effroyables supplices, tombent en catalepsie, semblables à des morts, sont enterrés et reviennent à la vie. Tout dernièrement, à l'hôpital de Rochefort, par la simple suggestion hypnotique, on a renouvelé le phénomène des saints stigmates, et l'on a produit tous les symptômes de l'empoisonnement par le simple voisinage d'un médicament dont le malade ignorait le nom et les effets. C'est encore en raison d'un état nerveux particulier, résultant de la chute dans le vide, que l'on a vu des femmes et des enfants tomber d'un quatrième étage et se relever sans aucun mal, voire même sans aucune meurtrissure ou contusion. Quant aux visions et aux apparitions, on les reproduit à volonté, toujours et partout, à l'aide de la suggestion mentale et de l'hypnotisme.

Ainsi, tous les miracles et les prodiges dont abondent non seulement la légende chrétienne, mais encore l'histoire de toutes les religions et que l'on attribue tantôt à Dieu ou aux saints, tantôt au diable et aux sorciers, peuvent s'expliquer naturellement par des phénomènes nerveux et cérébraux dont on n'a pas su se rendre compte, pas même ceux qui les opéraient.

On aurait donc grand tort de nier *a priori* les prodiges opérés par les saints, par les pèlerinages ou par les exorcismes. Il y a certainement un côté légendaire dans tous ces récits, mais ils reposent sur un fond de vérité incontestable. Le seul appareil des cérémonies de l'exorcisme était suffisant pour engendrer l'état hypnotique, avec tout son cortège de crises nerveuses, de léthargie, de catalepsie, de somnambulisme, de fascination, de visions et d'hallucinations. Lisez l'Évangile et les Actes des Apôtres; lisez la Vie des saints et des martyrs; lisez les récits des possessions du moyen âge, l'histoire des ursulines de Loudun, des religieuses du cloître d'Auxonne et des calvinistes des Cévennes; lisez la narration des soi-disant miracles jansénistes et la description des *revivals* de l'Amérique contemporaine; lisez les relations de pèlerinages à Lourdes ou à la Salette; lisez le livre de M. Figuier sur le merveilleux à travers les âges et celui de M. de Mirville sur les esprits et leurs manifestations; lisez la *Gazette des Hôpitaux*, toutes les revues médicales, les ouvrages de M. Charcot sur les maladies nerveuses, tous les ouvrages spéciaux et les thèses d'agrégation qui ont trait au sommeil nerveux; enfin, lisez les livres sacrés de toutes les religions : partout vous rencontrerez les mêmes phénomènes.

Ou bien il faut admettre que tous ces phénomènes ne sont que des faits naturels, ou bien il faut dire que toutes les maladies nerveuses sont des possessions du démon. Dans le premier cas, si Jésus n'a pas chassé tous ces démons paralytiques, épileptiques, aveugles, sourds ou muets que l'on rencontre à chaque ligne du récit évangélique, que devient le christianisme? Si, au contraire, on attribue à la possession du démon les diverses manifestations de l'hystérie, de l'hypnotisme et du somnambulisme, c'est Dieu qui abdique et qui livre l'homme au démon, en permettant à l'esprit du mal de revêtir ses mensonges des apparences de la vérité scientifique. Or, on ne peut admettre que Dieu nous ait donné la raison et le jugement pour ne pas nous en servir, ou pour nous conduire forcément et fatalement à l'erreur si nous nous en servons.

Avant de pouvoir dire qu'un fait est miraculeux et surnaturel, il faudrait avoir découvert scientifiquement quelles sont les limites véritables de la nature. Mais nous n'en sommes encore qu'à l'*a b c* de la connaissance des lois naturelles, et nous ne saurons jamais le dernier mot des puissances mystérieuses qui président aux phénomènes de la vie, de la maladie et de la mort.

Voilà pourquoi tous les raisonnements basés sur de prétendus miracles plus ou moins légendaires, ou de prétendues prophéties plus ou moins authentiques, mais toujours ambiguës et obscures, ne peuvent rien prouver aux yeux de l'homme raisonnable. Les faits les plus extraordinaires, fussent-ils bien et dûment constatés, fussent-ils inexplicables à la science actuelle, peuvent avoir une cause parfaitement naturelle, bien qu'encore inconnue.

II

M. CHACOT ET LES DÉMONS

Voici un fait dont on est tous les jours témoin dans nos hôpitaux. Une femme arrive, atteinte d'une paralysie partielle ou totale qui dure parfois depuis plusieurs années. Le médecin ou l'interne de service reconnaît une affection nerveuse. Il dit à cette femme de le regarder fixement et elle tombe instantanément dans l'état hypnotique. Il lui dit alors que sa paralysie a cessé et on lui ordonne de marcher, de mouvoir son bras ou sa jambe paralysée, d'emporter une table ou les matelas de son lit, et elle exécute immédiatement les ordres qu'elle a reçus. On lui dit qu'on va la réveiller, mais qu'elle sera guérie, et en effet elle se réveille guérie de sa paralysie, du moins pour un certain temps. Ce fait, aujourd'hui commun et banal, ne semble-t-il pas la reproduction de l'une des principales espèces de miracles qui abondent dans l'Évangile, dans l'histoire de l'Église et dans celle de toutes les religions révélées ?

Tout le monde sait aujourd'hui qu'à telle ou telle lésion cérébrale, à tel ou tel trouble du système nerveux, correspondent tantôt une paralysie partielle ou totale, tantôt la perte de la vue, de l'ouïe ou de la parole, tantôt des accès de frénésie, d'épilepsie ou de catalepsie. On sait également que tous ces désordres se calment et souvent se guérissent, soit temporairement, soit définitivement, sous l'influence de l'hypnotisme et de la suggestion mentale. Pour les cas de léthargie et de catalepsie, il suffit même ordinairement de souffler dans les yeux du malade pour le ramener à la vie.

Or, les maladies guéries par Jésus-Christ ne sont pour la plupart que des affections de forme nerveuse, semblables à celles que M. Charcot a étudiées avec tant de soin durant ces dernières années. Mais du temps de Jésus-Christ, comme du reste pendant tout le moyen âge, ces sortes de maladies étaient invariablement attribuées à la possession du démon. Les Évangiles ne parlent que de démons muets, de démons sourds et de démons aveugles, de démons épileptiques, de démons frénétiques, etc., etc. Jésus chassait tous ces démons comme M. Charcot calme les accès de ses malades, par la suggestion mentale, par une simple parole ou par un simple attouchement. Mais ce que M. Charcot fait scientifiquement, Jésus le faisait inconsciemment. Il se croyait de bonne foi possesseur d'un pouvoir surnaturel, inhérent à sa personne et venu d'en haut. De là cet illuminisme qui le transfigurait aux yeux de la foule et qui portait à leur maximum d'intensité la puissance de la suggestion hypnotique et l'influence de l'imagination dans tous les cas de désordres nerveux et de maladies hystériques qui lui étaient soumis.

Nous avons vu que, d'après le témoignage de Jésus lui-même, la résurrection de la fille de Jaïre n'est pas une résurrection véritable; c'est un simple réveil d'un sommeil léthargique ou cataleptique, qu'on avait confondu avec la mort véritable, mais qui n'avait pas trompé Jésus-Christ, plus éclairé, sous ce rapport, que ses contemporains.

Même dans l'Évangile selon saint Jean, le seul qui raconte la résurrection de Lazare, il est écrit que Jésus dit à Marie : « Votre frère n'est pas mort, mais il dort. »

Il est vrai que cet Évangile additionne son récit d'un commentaire tendant à prouver que Jésus, en disant que Lazare dormait, voulait parler du sommeil de la mort. L'auteur ajoute même force détails pour ne laisser aucun doute dans l'esprit de ses lecteurs sur la mort véritable de Lazare. Il va jusqu'à faire dire à Marie, sœur du mort, que le corps sent déjà mauvais, bien qu'elle ne puisse le savoir, puisque le tombeau n'a pas encore été ouvert. Mais on sait que l'Évangile selon saint Jean a été écrit très longtemps après les autres Évangiles, par un disciple de cet apôtre, et sous l'influence des idées païennes de la Grèce[1]. Il convient donc de n'accepter que sous bénéfice d'inventaire les commentaires de cet évangéliste tardif. Il est même douteux que la résurrection de Lazare ait jamais eu lieu, puisqu'elle est restée incon-

1. L'Évangile selon saint Jean a été écrit après la mort de saint Pierre, puisqu'il est question de cette mort au dernier chapitre, verset 19.

nue des trois premiers évangélistes, qui cependant racontent minutieusement les moindres guérisons d'apparence miraculeuse. Si Jésus avait réellement opéré plusieurs résurrections, tous les évangélistes en auraient fait mention, la résurrection des morts étant évidemment le plus important de tous les miracles. Il est donc fort à craindre que l'histoire de Lazare ne soit une légende ajoutée après coup par quelque disciple trop zélé.

Mais ce qui prouve péremptoirement que les prodiges opérés par Jésus-Christ et par les apôtres n'étaient que des phénomènes naturels, c'est qu'ils n'étaient pas seuls à posséder le don de les produire. En effet, les prêtres juifs accusaient Jésus de chasser les démons au nom de Béelzébuth, de même que les prêtres de nos jours attribuent à l'intervention du démon les convulsions des jansénistes et les phénomènes du somnambulisme, de l'hypnotisme et du spiritisme[1]. Or, Jésus leur répondit : « Si c'est au nom de Béelzébuth que je chasse les démons,

1. Le spiritisme n'est évidemment qu'une hallucination résultant de la suggestion hypnotique spontanée et inconsciente.

au nom de qui vos enfants les chassent-ils donc? » Jésus reconnaissait ainsi que d'autres que lui, parmi les Juifs, avaient le même pouvoir. Les Actes des Apôtres sont d'ailleurs précis à cet égard. Ils disent que Simon le magicien reproduisait les guérisons et les autres opérations miraculeuses des apôtres.

On peut donc admettre que les guérisons des Évangiles soient vraies en principe. Mais les faits primitifs, en passant de bouche en bouche jusqu'à ce qu'ils fussent consignés par écrit, ont dû éprouver le sort naturel de toutes les traditions de ce genre. L'imagination des narrateurs successifs les a ornés, dans un grand nombre de cas, de détails de plus en plus merveilleux et apocryphes. Ainsi, que Jésus ait calmé, par l'ascendant prestigieux de sa personne et par son attitude inspirée, les crises nerveuses d'un maniaque épileptique, rien n'est plus facile à concevoir, puisque nous sommes tous les jours témoins de phénomènes analogues. Mais qu'il ait fait sortir du corps de ce maniaque toute une légion de démons, au nombre de deux mille, et qu'à la prière de ces mêmes démons il les ait fait entrer dans les corps d'un nombre égal de pourceaux, voilà ce qui devient purement légendaire et absolument inadmissible. (Évangile selon saint Marc, ch. V, vers. 2 à 13.)

Vers. 2. « Comme il descendait de la barque, un homme possédé de l'esprit impur accourut à lui, sortant des sépulcres.

Vers. 3. » Cet homme avait fixé sa demeure dans les tombeaux; et personne ne pouvait plus le lier, même avec des chaînes;

Vers. 4. » Car souvent, ayant des fers aux pieds et étant lié de chaînes, il avait rompu ses chaînes et brisé ses fers, et nul homme ne pouvait le dompter.

Vers. 5. » Il était constamment jour et nuit dans les sépulcres et sur les montagnes, criant et se meurtrissant avec des pierres.

Vers. 6. » Ayant donc vu Jésus de loin, il accourut et l'adora;

Vers. 7. » Et jetant un grand cri, il lui dit : Qu'y a-t-il entre vous et moi, Jésus fils du Dieu Très-Haut? Je vous en conjure par le nom de Dieu : ne me tourmentez point.

Vers. 8. » Car Jésus lui disait : Esprit impur, sors de cet homme.

Vers. 9. » Et il lui demanda : Comment t'appelles-tu? Et il répondit : Je m'appelle Légion, parce que nous sommes plusieurs;

Vers. 10. » Et il le priait avec instance de ne le point chasser du pays.

Vers. 11. » Or, il y avait là un grand troupeau de pourceaux qui paissaient autour de la montagne;

Vers. 12. » Et les démons le suppliaient, en lui disant : Envoyez-nous dans ces pourceaux, afin que nous y entrions.

Vers. 13. » Jésus le leur permit aussitôt; et ces esprits impurs étant sortis, entrèrent dans les pourceaux; et tout le troupeau, qui était environ de deux mille, courut avec impétuosité se précipiter dans la mer, où ils furent tous noyés. »

N'est-ce pas le cas d'appliquer le proverbe : « Qui veut trop prouver, ne prouve rien? »

III

LES CRUCIFIXIONS

Il n'y a personne qui n'ait entendu parler de convulsionnaires jansénistes. Ces fanatiques — sous l'influence de leur exaltation religieuse — tombaient dans un état nerveux extraordinaire qui non seulement les rendait insensibles aux coups et aux tortures, mais les leur faisait même rechercher avec ardeur, à tel point que les différents supplices auxquels ils se livraient volontairement avaient reçu le nom de *secours*. Ces étranges phénomènes ont duré pendant près d'un demi-siècle, en plein cœur de Paris. Ils ont été constatés d'une manière authentique et irréfragable, parfois même par acte notarié. Ils ont eu pour témoins des philosophes et des incrédules, comme Diderot et La Condamine, des gens de cour et des officiers de la maison du roi. La correspondance de Grimm (sorte de journal secret, envoyé aux divers potentats et aux personnages les plus considérables de l'Europe) en fait mention en plusieurs endroits. On en trouve également la relation dans l'histoire de Dulaure et dans une foule d'ouvrages très sérieux. Il est donc impossible de les révoquer en doute.

Or, entre autres expériences, était celle de la crucifixion. On lit dans la correspondance de Grimm (tome III, pages 18 à 29) le récit d'une scène de ce genre, dont La Condamine fut témoin, et dont il a dressé le procès-verbal séance tenante, à mesure que les faits s'accomplissaient. Deux femmes furent crucifiées en même temps en sa présence, le 13 avril 1750. L'une d'elles, nommée Françoise, l'avait été déjà deux fois. Ce jour-là, elle resta trois heures trente-cinq minutes clouée sur la croix. Le supplice avait commencé à sept heures. A huit heures un quart on mit la croix la tête en bas; on l'y laissa un quart d'heure, et pendant ce temps Françoise lisait la Passion à haute voix. A huit heures trois quarts on applique à sa poitrine douze épées nues, avec assez de force pour que plusieurs aient plié sous l'effort. Entre autres l'épée du marquis de la Tour-du-Pin, brigadier des armées du roi, qui en fit tâter la pointe aiguë à M. de La Condamine. A dix heures, on enlève les clous des mains. (La Condamine en a conservé un.) A dix heures douze minutes, on relève la croix, où Françoise n'est plus clouée que par les pieds, ce qui n'empêche pas de mettre la croix presque debout contre la muraille. On lui fait alors une blessure au côté, avec une lance qui pénètre de trois lignes environ. A dix heures trente-cinq minutes, on ôte les clous des pieds et La Condamine prête son concours à cette opération. M. Figuier, dans son livre sur le merveilleux, dit de ces faits extraordinaires : « Ceux qui se sont passés en présence d'un public nombreux, qui ont même été établis juridiquement, ne peuvent être révoqués en doute. » (Tome I, page 397.)

Cette scène du crucifiement, rien ne serait plus facile que de la renouveler à l'aide des sujets hystériques de nos hôpitaux. Si on ne le fait pas, c'est purement par scrupule professionnel et par prudence, à cause des complications possibles. Mais dans les Indes, où règne une exaltation religieuse auprès de laquelle celle de nos extatiques chrétiens est insignifiante, on voit tous les jours des scènes encore plus extraordinaires. Les prêtres indiens se font suspendre par des crampons de fer entrés dans leurs chairs, supplice bien plus affreux que celui de la croix. Ils restent ainsi des journées entières jusqu'à ce qu'ils tombent dans un état de catalepsie présentant toutes les apparences de la mort. On les enterre alors avec pompe; puis, après un certain délai, qui est parfois de plusieurs jours, on ouvre leurs tombeaux, et ils reviennent à la vie.

On sait qu'il est souvent difficile de distinguer l'état de léthargie ou de catalepsie de celui de la mort véritable. Monseigneur Donnet, archevêque de Bordeaux, a bien souvent raconté, soit en chaire, soit dans les salons, et une fois en plein Sénat, que, dans sa jeunesse, alors qu'il était simple missionnaire, il avait failli être enterré vivant, par suite d'une attaque de catalepsie que les médecins avaient prise pour la mort. On l'avait exposé sur un lit de parade, revêtu de ses habits sacerdotaux, et on allait clouer le cercueil, lorsque arriva un de ses amis intimes, en proie à un violent désespoir. Celui-ci se jeta sur le corps de son ami, lui parlant et lui faisant les plus déchirants adieux. A sa voix, le mort supposé reprit l'usage de ses sens et revint à la vie. Personne n'ignore qu'il atteignit depuis un âge très avancé.

M. Renan suppose que les apôtres, en croyant voir Jésus vivant après son supplice, ont été les jouets d'une hallucination. C'est là le point faible de son grand ouvrage sur les origines du christianisme. Croyants et incrédules se refusent à admettre qu'une simple hallucination ait pu engendrer une foi aussi ardente, une conviction aussi absolue, un mouvement religieux assez puissant pour transformer le monde païen. Non, les apôtres et les disciples n'ont pas été les jouets d'une hallucination. Ils ont réellement revu Jésus, merveilleusement échappé à la mort et vivant après son supplice. On sait que l'on pouvait rester sur la croix des journées entières sans mourir. Les suppliciés d'un tempérament robuste n'y mouraient que de faim. Jésus n'y est resté que quelques heures. Sous l'influence de la douleur et de l'exaspération nerveuse, résultat de la suspension de la croix, il a pu tomber dans un état léthargique ou cataleptique présentant toutes les apparences de la mort, mais qui aura cessé de lui-même et tout naturellement dans le repos de la chambre sépulcrale, ou bien auquel auront mis fin les ablutions et les frictions aromatiques en usage à cette époque dans les rites funéraires des Juifs.

Dans cette hypothèse, l'ascension s'expliquerait très simplement. Les ennemis de Jésus, ayant entendu parler de sa résurrection, furent dans un grand émoi. Ses amis réussirent à lui persuader de disparaître pendant un certain temps et de se cacher jusqu'à des jours meilleurs. Jésus donna donc un dernier rendez-vous à ses principaux disciples et leur fit ses adieux, leur promettant de revenir un jour. Après quoi il s'éloigna par un sentier de la montagne et disparut dans le brouillard, se rendant à quelque retraite cachée, probablement dans une de ces maisons à demi monastiques que possédaient les Esséniens, secte religieuse à laquelle Jésus appartenait.

Quant à la question de savoir ce qu'est

devenu Jésus, il est probable qu'il mourut dans sa retraite — cette fois d'une manière réelle — peu de temps après avoir quitté ses disciples, par suite des émotions et des souffrances qu'il avait endurées. C'est ce qui l'empêcha de tenir la promesse qu'il avait faite de revenir bientôt au milieu des siens. Mais les premiers chrétiens — comptant sur sa parole — attendirent obstinément son retour. Le mot de salutation et de reconnaissance de la primitive Église était celui-ci : « Le Seigneur va venir. » Cette tradition, consacrée par l'Apocalypse, s'est transformée en article de foi. Aujourd'hui encore toutes les Églises chrétiennes croient au second avènement de Jésus-Christ.

IV

UNE ENQUÊTE SUR LA RÉSURRECTION

D. — Quel vêtement portait Jésus-Christ immédiatement après sa résurrection?

R. — Il était habillé en jardinier, car lorsqu'il apparut à Marie-Madeleine, après être revenu à la vie, elle ne le reconnut pas et le prit pour le jardinier.

D. — N'est-ce pas avant d'avoir levé les yeux sur Jésus que Madeleine s'est ainsi trompée?

R. — Pas le moins du monde. L'évangéliste saint Jean dit expressément (chap. XX, v. 14 et 15) : « Elle se retourna et vit Jésus debout et ne le reconnut pas. Et Jésus lui dit : « Femme, pourquoi pleures-tu? Qui cherches-» tu? » Elle, supposant que c'était le jardinier, lui dit : « Seigneur, si c'est toi qui l'as

» enlevé, dis-moi où tu l'as mis, et j'irai le » chercher. »

Il est donc évident que ce fut en voyant Jésus-Christ que Madeleine le prit pour le jardinier.

D. — Pourquoi Jésus-Christ était-il habillé en jardinier?

R. — Parce que ses vêtements avaient été distribués aux soldats et tirés au sort. Lorsqu'il revint à la vie, on lui donna les premiers vêtements que l'on put trouver. On emprunta ceux du jardinier de Joseph d'Arimathie, dans la propriété duquel se trouvait la chambre sépulcrale où Jésus avait été déposé.

D. — Il y avait donc quelqu'un auprès de Jésus-Christ lorsqu'il revint à la vie?

R. — Évidemment. Il est écrit dans l'Évangile que Joseph d'Arimathie, qui était un puissant personnage, demanda son corps pour l'ensevelir et qu'il l'emporta dans une de ses propriétés, où était un tombeau, ou chambre sépulcrale, taillé dans le roc. Là, on lava son corps et on le frictionna avec des essences aromatiques, comme c'était la coutume parmi les Juifs. C'est ce qui le fit revenir à la vie. L'Évangile de saint Jean dit que Nicodème apporta 100 livres d'aloès et de myrrhe. (Ch. XIX, v. 39.)

D. — Vous oubliez qu'il y avait des soldats pour garder le tombeau.

R. — Un seul évangéliste, saint Mathieu, parle de soldats. Mais, d'après lui, les soldats ne furent envoyés que le lendemain *samedi*. Joseph d'Arimathie et Nicodème avaient donc eu toute la nuit du vendredi au samedi pour soigner Jésus. Voici les paroles de saint Mathieu (chap. XXVII, v. 62 à 66) : « Le lendemain qui suivit le jour de *Parasceve*[1] (vendredi), les prêtres et les pharisiens vinrent trouver Pilate, disant : « Commande que le tombeau soit » gardé, de peur que ses disciples ne viennent » l'enlever et ne disent au peuple : « Il est res- » suscité... » Ils allèrent donc et scellèrent le sépulcre et placèrent des gardiens. »

D. — Je suis persuadé qu'il y avait, dès les premiers moments, une foule énorme de peuple pour garder le tombeau.

1. *Parasceve* signifie le jour de la préparation au sabbat, c'est-à-dire le vendredi. « C'était le *Parasceve*, c'est-à-dire le jour qui précède le sabbat (samedi). » Saint Marc, chap. XX, vers. 42.

R. — Si cela avait été, les évangélistes n'auraient pas manqué de rapporter un détail aussi important. Mais la preuve que le tombeau n'a pas été gardé du vendredi au samedi, c'est que le *samedi* les prêtres vont trouver Pilate pour lui demander l'autorisation de faire garder ce tombeau, en disant que sans cela on pourrait enlever le corps. Il y a d'ailleurs trois évangélistes qui ne parlent pas de gardiens. Le corps de Jésus avait été remis à ses amis, Joseph d'Arimathie et Nicodème, tous deux très riches et très puissants. Ils l'avaient emporté dans une propriété privée, où personne n'avait le droit de s'occuper de ce qu'ils faisaient. Les eût-on épiés, on n'eût rien trouvé d'extraordinaire dans le lavage du corps, les fumigations et les frictions aromatiques, puisque ces opérations faisaient partie des cérémonies funèbres parmi les Juifs.

D. — Les évangélistes affirment que Jésus est mort sur la croix.

R. — Les évangélistes ont raconté les choses comme ils ont cru les voir. Mais leur récit lui-même démontre qu'ils ont cru sans aucune investigation sérieuse, sans aucune preuve scientifique. Ils s'en sont rapportés purement et simplement aux apparences, sans même soupçonner que ce qu'ils prenaient pour la mort véritable pouvait n'être qu'un simple état de léthargie ou de catalepsie résultant de la douleur physique et de la tension nerveuse produite par la suspension de la croix.

D'après l'Évangile, ce serait après trois ou quatre heures de supplice que Jésus aurait expiré. Mais ce temps était insuffisant, dans le cours ordinaire des choses, pour amener la mort d'un crucifié. Aussi, lorsqu'on vint demander le corps à Pilate, ne voulut-il pas croire tout d'abord que Jésus fût déjà mort. Il fallut l'affirmation du centurion pour le persuader. Or, le centurion n'était pas médecin, ni plus capable que les apôtres de distinguer la mort apparente de la mort réelle. De nos jours même les médecins s'y trompent encore souvent, comme nous en avons vu un exemple dans le cas du cardinal Donnet.

Si l'on vous présentait vivant, aujourd'hui, un homme qu'on aurait cru mort hier ou avant-hier, il n'est pas d'investigations médicales auxquelles vous n'ayez recours avant d'admettre que ce soit une résurrection véritable. Il faudrait les preuves scientifiques les plus irréfragables pour vous convaincre. Encore seriez-vous en droit de supposer que même les médecins ont pu être trompés par quelque circonstance inconnue à la science, par quelque phénomène physiologique inexpliqué. Dans le récit évangélique, les garanties les plus élémentaires de certitude raisonnable font absolument défaut. Les apôtres sont des gens grossiers, ignorants et crédules, qui n'ont pas même songé à prendre les précautions les plus vulgaires pour éviter d'être les victimes des apparences. Jésus lui-même a été dans l'impossibilité de juger si l'insensibilité d'où il a été tiré d'une manière si inattendue était vraiment un état de mort ou simplement une syncope léthargique ou cataleptique. On sait que lorsqu'on revient d'une syncope, on croit sortir du néant absolu.

Il n'y a que le coup de lance qui eût pu être mortel, s'il avait percé le cœur. Mais rien ne prouve que le cœur ait été percé, et les évangélistes ne le disent pas. Le sang et l'eau qui se sont échappés de la blessure sembleraient prouver, au contraire, que l'estomac seul avait été touché, et que la vie n'était pas éteinte, puisque le sang coulait encore librement.

Il faut se rappeler, en outre, qu'en dehors des prêtres et des pharisiens, Jésus n'avait que des sympathies à Jérusalem. Tout le peuple était pour lui. On espérait qu'il rétablirait le royaume d'Israël. Même parmi les grands, il avait des partisans secrets. L'Évangile le dit expressément de Nicodème, qui apporta des aromates pour l'ensevelir, et de Joseph d'Arimathie, qui réclama le corps. Quant aux Romains, l'Évangile dit que Pilate, loin de persécuter Jésus, fit de vains efforts pour le sauver et l'arracher aux rancunes des prêtres et à la rage de quelques misérables, ameutés par ces derniers. Les soldats romains n'avaient aucune raison pour en vouloir personnellement à Jésus. A la prière de Joseph d'Arimathie, ils lui épargnèrent le brisement des membres; le coup de lance ne fut très évidemment donné que par acquit de conscience, et peut-être fut-il intentionnellement sans gravité. Toujours est-il que rien ne prouve qu'il ait été mortel. Tout établit, au contraire, qu'il ne l'était pas, puisque Jésus, descendu de la croix, est revenu à la vie.

D. — Mais Jésus-Christ n'est ressuscité que le troisième jour et non pas le vendredi, comme vous le prétendez.

R. — Les récits des évangélistes ne disent pas quand Jésus-Christ est ressuscité; ils disent seulement que, le troisième jour, le tombeau était vide. Jésus a donc pu revenir à lui, soit le vendredi soir, soit le samedi matin.

D. — Les disciples de Jésus n'ont-ils pas connu les détails de sa résurrection?

R. — Joseph d'Arimathie et Nicodème ont seuls connu le véritable moment de la résurrection; mais ils se gardèrent bien d'en parler, de peur que les ennemis de Jésus ne vinssent à ressaisir leur proie. Jésus lui-même ne se montra à ses disciples que très mystérieusement et ne resta jamais que quelques instants avec eux, toujours par prudence et à cause des prêtres et des pharisiens.

D. — Quand Jésus-Christ apparaissait à ses disciples, n'était-il pas transformé et divinisé?

R. — En aucune façon. C'était un homme purement et simplement, comme par le passé. La première fois qu'il leur apparut, ce fut sur la route d'Emmaüs. Il n'y avait que deux disciples, avec lesquels il soupa d'une manière si naturelle qu'ils ne le reconnurent pas tout d'abord. Le même jour, il apparut à plusieurs autres qui furent troublés et effrayés, croyant voir un esprit. Mais Jésus leur dit : « Voyez mes mains et mes pieds ; c'est moi. Un esprit n'a ni chair ni os, comme vous voyez que j'en ai. » Les disciples restant incrédules, Jésus leur dit : « Avez-vous ici quelque chose qui se mange ? » Et ils lui offrirent un morceau de poisson grillé et un rayon de miel ; et il en mangea devant eux, et lorsqu'il eut fini, il leur donna les restes. (Évangile selon saint Luc, ch. XXIV, v. 37 à 44.) La troisième fois qu'il leur apparut, ce fut sur les bords de la mer de Tibériade. C'est en cette occasion qu'eut lieu, d'après saint Jean, la pêche miraculeuse, placée avant la Passion par un autre évangéliste. Jésus leur dit alors : « Venez et soupez, » et il soupa avec eux. (Évangile selon saint Jean, ch. XXI, v. 1 à 15.)

Ainsi, toutes les fois que Jésus ressuscité revient trouver ses disciples, il mange avec eux ; d'abord, sans aucun doute, parce qu'ayant nécessairement voyagé à pied, il avait réellement faim; ensuite, parce qu'il tenait à dissiper leur crainte superstitieuse et à leur montrer qu'il n'était pas un revenant (car les revenants ne mangent point), mais un homme de chair et d'os, ayant besoin de manger et de boire aussi bien qu'eux-mêmes; en un mot, le Jésus qu'ils avaient connu, merveilleusement échappé à une mort imminente et revenu à la vie d'ici-bas.

Jésus ne s'est d'ailleurs montré à ses disciples que très rarement. La prudence lui défendait de se prodiguer. Les prêtres et les pharisiens n'auraient pas tardé à s'emparer de lui une seconde fois.

Saint Mathieu et saint Luc ne parlent que de deux apparitions après la résurrection, y compris l'ascension. Saint Marc et saint Jean n'en citent que trois. Les Actes des Apôtres disent qu'il se montra vivant à eux pendant quarante jours, mangeant avec eux, mais sans s'expliquer davantage, ce qui permet de supposer qu'il ne s'agit que des trois ou quatre apparitions mentionnées par les Évangiles. Si Jésus avait été un Dieu ressuscité, il n'aurait pas eu besoin d'être aussi avare de sa présence. Il pouvait rester avec ses apôtres et les entretenir du matin jusqu'au soir, au lieu de se contenter de ces rares apparitions où il prenait à peine le temps de leur adresser quelques paroles.

La conduite de Jésus revenu à la vie est donc bien manifestement celle d'un homme qui se cache de ses ennemis. Il ne va trouver ses disciples que furtivement et avec les plus grandes précautions. Il se fait ordinairement précéder par des émissaires dévoués, pour plus de sécurité. Ces émissaires étaient vraisemblablement des novices de la secte des Esséniens, à laquelle les doctrines de Jésus prouvent qu'il appartenait. Comme ils étaient revêtus du costume blanc de leur ordre, on les a pris depuis pour des anges, dans la persuasion que les anges sont nécessairement vêtus de blanc. Mais les Évangiles disent simplement que c'étaient des jeunes gens. Ce sont des jeunes gens vêtus de blanc qui annoncent la résurrection aux saintes femmes et aux apôtres Pierre et Jean. Ce sont des hommes vêtus de blanc qui se présentent aux disciples assemblés, lorsque Jésus, décidé à se retirer de la scène pour quelque temps, leur eut fait ses adieux et eut disparu dans les brouillards de la montagne. Plus tard, cette retraite si mystérieuse, restée inexpliquée, se transforma en une ascension miraculeuse. On ne savait pas, à cette époque, que ce que nous appelons le ciel, c'est l'espace tout entier. On ignorait que Dieu, étant un pur esprit, est partout à la fois, et nulle part en particulier. On croyait tout naïvement qu'au-dessus de cette voûte bleue du ciel, il y avait quelque vaste lieu d'habitation, quelque palais immense, ou quelque séjour enchanté, résidence matérielle de la Divinité et de sa cour, et semblable à la résidence des rois de la terre. On se figurait qu'il fallait monter en l'air pour arriver à ce séjour céleste. On s'imagina donc que le corps de Jésus s'était soudain soustrait aux lois de la pesanteur, et qu'il s'était graduellement élevé dans les airs, jusqu'à ce qu'un nuage fût venu fort à propos le dérober à la vue, sans quoi on l'aurait vu monter et monter toujours, sans jamais atteindre sa destination, puisque l'espace s'étend à l'infini et sans bornes. Plus tard, on renchérit encore sur ces puériles imaginations, et l'on affirma que Jésus, parvenu enfin au terme de son voyage aérien, alla s'asseoir à la droite de son père, sur un de ces trônes dont on trouvait tout naturel, à cette époque, de meubler le palais du roi du ciel. C'est encore aujourd'hui un article de foi pour toutes les églises chrétiennes que Jésus est assis à la droite du Père : « *Sedet ad dexteram Patris,* » dit le *Credo*. On cherche, il est vrai, à expliquer symboliquement cette expression. Mais les premiers chrétiens ne l'entendaient pas ainsi. Puisque Jésus est monté au ciel avec un corps humain palpable et matériel, comme le nôtre, il fallait nécessairement qu'il trouvât un siège dans la demeure de son père.

Seuls, ces hommes vêtus de blancs, ces novices esséniens qui servaient de messagers à Jésus, et qui l'accompagnèrent dans sa retraite, connurent les détails de sa véritable mort, survenue sans doute bientôt après sa disparition. Mais si, dans la suite, ils voulurent révéler ce secret et rendre hommage à la vérité, il était trop tard : la légende était créée.

V

ROUSSEAU, SAINT PIERRE ET VOLTAIRE

D. — Rousseau n'a-t-il pas dit : « Si la vie » et la mort de Socrate sont d'un sage, la vie et » la mort de Jésus sont d'un Dieu ? »

R. — Permettez-moi d'achever votre citation. Cinq lignes plus loin, le vicaire Savoyard, auquel Rousseau a prêté ces paroles, résume sa profession de foi en ces termes : « Avec tout cela, ce » même Évangile est plein de choses incroya» bles, de choses qui répugnent à la raison et » qu'il est impossible à tout homme sensé de » concevoir ni d'admettre. Voilà le scepticisme » involontaire où je suis resté. »

Ainsi Rousseau, par la bouche du vicaire Savoyard, expose avec impartialité les deux faces de la question : d'un côté, ce qui peut faire croire à la divinité de Jésus-Christ; de l'autre côté, ce qui doit en faire douter. Il se prononce en faveur du doute. Son vicaire, tout en admirant ce qu'il y a de grand et de sublime dans le récit évangélique, reste sceptique malgré lui, parce que le sens commun et la raison lui défendent d'admettre la vérité de la religion chrétienne. Que font les prédicateurs? Ils passent sous silence cette seconde partie et se contentent de citer la première. Les naïfs restent convaincus que Rousseau a reconnu la divinité de Jésus-Christ, et le tour est joué.

D. — Pascal a dit : « Je crois volontiers des histoires dont les auteurs se font égorger. »

R. — Pascal a voulu prouver par ces paroles la sincérité des apôtres et des premiers disciples dont la bonne foi, en effet, est évidente. Mais on peut se tromper de bonne foi; on peut donner sa vie pour une conviction sincère, quoique erronée. Il y a dans toutes les religions une foule de gens prêts à mourir plutôt que d'apostasier, ce qui ne prouve pas que toutes ces religions soient vraies.

Les évangélistes ont cru sincèrement à la résurrection de Jésus-Christ, mais une étude attentive de leurs écrits nous démontre qu'ils ont cru sans aucune investigation sérieuse, sans aucune donnée scientifique, sans même soupçonner que la mort de Jésus pouvait n'être qu'apparente et qu'ils étaient exposés à confondre un état temporaire de léthargie ou de catalepsie avec la mort véritable. Ils attribuent naïvement à la possession du démon toutes les maladies nerveuses et hystériques de leur époque, et ils qualifient de miracle la cessation momentanée de ces affections cérébrales sous l'influence de la suggestion hypnotique, inconsciemment pratiquée par Jésus-Christ. Jésus lui-même partage leur erreur et finit par se regarder comme une sorte d'émanation de la Divinité. C'est un phénomène d'illuminisme qui s'est produit dans tous les temps et dans tous les pays. Cependant, malgré cet illuminisme, Jésus n'a jamais complètement oublié la distance qui sépare l'homme de la Divinité. Lorsqu'on lui reproche publiquement de s'être laissé appeler Fils de Dieu, c'était le moment ou jamais d'affirmer sa propre divinité, puisqu'il est supposé n'être venu sur la terre que pour se manifester aux hommes et leur révéler la vérité. Or, que répond alors Jésus? Simplement ceci : « Moïse n'a-t-il pas écrit que nous sommes tous les enfants de Dieu? »

Ainsi, Jésus ne se dit le fils de Dieu que d'une manière figurative et comme nous pouvons nous-mêmes nous dire les enfants de Dieu. S'il se croit plus particulièrement en communication avec la Divinité (comme Moïse, Mahomet ou Bouddha ont pu le croire avec la même bonne foi), il ne s'est néanmoins jamais donné d'autre titre que celui de « Fils de l'homme ». Il n'y a pas un mot dans les trois premiers Évangiles qui puisse justifier l'adoration de Jésus-Christ comme Dieu.

Ce n'est que dans l'Évangile selon saint Jean, composé beaucoup plus tard et sous l'influence des idées païennes[1], que l'on voit apparaître la première notion de la divinité de Jésus-Christ et du dogme de la transsubstantiation, inconnu aux trois premiers évangélistes. Il y a eu, d'ailleurs, un grand nombre d'autres évangiles rejetés par l'Église comme apocryphes, parce

1. Nous avons eu précédemment l'occasion de signaler la composition tardive de l'Évangile selon saint Jean, où l'on parle de la mort de saint Pierre comme d'un fait appartenant déjà au domaine de l'histoire.

qu'ils étaient trop évidemment la condamnation des dogmes nouveaux, successivement ajoutés aux croyances primitives. De ce nombre a été l'Évangile selon les Hébreux, écrit sous l'inspiration directe de saint Pierre et qui était le code religieux de la première Église de Jérusalem. Mais les Actes des Apôtres nous ont conservé la véritable doctrine de saint Pierre, telle qu'il l'exposait dans sa première prédication :

Chapitre II. Vers. 22. « Hommes Israélites, écoutez : Vous savez que Jésus de Nazareth a été un homme que Dieu a rendu célèbre parmi vous, par les merveilles, les prodiges et les miracles qu'il a faits par son entremise au milieu de vous.

Vers. 23. » Vous ayant été livré par un ordre exprès de la volonté de Dieu et par un décret de sa prescience divine, vous l'avez fait mourir par les mains des méchants.

Vers. 24. » Mais Dieu l'a ressuscité, en arrêtant les douleurs de l'enfer, parce qu'il était impossible qu'il y fût retenu.

Vers. 36. » Que toute la maison d'Israël sache donc que Dieu a fait ce même Jésus Seigneur et Messie. »

Ainsi, le jour où, pour la première fois, l'Évangile est annoncé au monde, le jour où débute cette série de prédications qui devait avoir une si grande influence sur les destinées humaines, saint Pierre distingue nettement entre l'homme et la Divinité. Jésus, pour lui, n'est qu'un homme juste, suscité par Dieu, protégé par Dieu, livré par Dieu aux méchants. Ce n'est pas Jésus qui ressuscite par l'effet de sa propre puissance : c'est Dieu qui le ressuscite, comme c'est Dieu qui opère des miracles par son entremise. Jésus, pour saint Pierre, a simplement été fait « Seigneur et Messie », c'est-à-dire prophète et chef spirituel. Le mot *Messiah* — en hébreu — signifie *oint*, c'est-à-dire consacré par l'huile sainte. Ce titre ne s'appliquait d'abord qu'à la consécration des pontifes. Plus tard on y joignit l'idée d'une mission divine quelconque. C'est ainsi que l'on trouve le nom de *Messiah* appliqué dans la Bible à un grand nombre de personnes (Exode, XXVIII, 41; XXIX, 7, etc. — I Rois, II, 10, 35; XVI, 9, 16; — II Rois, I, 14; II, 4; — III Rois, XIX, 15; — IV Rois, XI, 12. — Psaumes XVIII, 51; XX, 7. — Sagesse, II, 18; V, 5. — Ecclésiastique, IV, 7, 11.)

On trouve même ce mot de *Messiah* appliqué à Cyrus par Isaïe (XLV, 1).

Traduit littéralement en grec par *Chrestos* (oint, huilé) et devenu plus tard une espèce de nom propre en latin, ce mot de *Messie* ou *Christ*, bien loin d'établir la divinité de Jésus, signifiait au contraire, dans la bouche de saint Pierre, que Jésus n'était que l'envoyé spécial de la Divinité.

Telle fut, en effet, la doctrine de l'Église primitive tout entière, jusqu'à ce qu'elle eut subi l'influence du paganisme grec et qu'on eut trouvé le moyen de concilier, par le dogme ingénieux de la Trinité, l'idée de l'unité divine avec l'adoration d'un homme, c'est-à-dire le monothéisme avec l'idolâtrie.

D. — S'il fallait vous en croire, la théologie de saint Pierre serait bien peu dissemblable de celle de Voltaire et de Rousseau. Mais à propos de Voltaire, n'est-ce pas lui qui donnait pour mot d'ordre à ses amis : « Mentez, mentez encore; il en restera toujours quelque chose ? »

R. — Non, Voltaire n'a pas dit cela. Je vous mets au défi de trouver cette phrase dans ses lettres ou dans ses écrits. C'est une pure invention du clergé, travestissant et mettant en pratique, tout à la fois, ce mot de Basile — un des siens

— dans la pièce de Beaumarchais : « Calomnions, calomnions ; il en restera toujours quelque chose. »

Que de bourdes de cette sorte on vous fait avaler! Ne vous a-t-on pas fait croire que Voltaire mourant avait mangé ses excréments et bu le contenu de son vase de nuit en punition de ses plaisanteries sur la cuisine d'Ezéchiel?

« Ce que vous mangerez sera comme un pain d'orge cuit sous la cendre ; vous le couvrirez devant le peuple des excréments qui sortent de l'homme.

» Je dis alors : Ah! ah! ah! Seigneur Dieu! mon âme n'a point encore été souillée, et depuis mon enfance jusqu'à ce jour, jamais bête morte d'elle-même ou déchirée par d'autres bêtes n'est entrée dans ma bouche.

» Le Seigneur me répondit : Eh bien! je vous donne la fiente des bœufs au lieu des excréments humains... » (Ézéchiel, ch. IV, 12-15.)

Les commentateurs ne voient dans ce passage qu'une allusion à la coutume des peuples du désert, qui, faute de bois, se servent de fiente de chameau desséchée pour faire cuire leurs aliments. Mais s'il s'était agi de cette coutume, Dieu en aurait-il parlé dans une *vision* comme d'un châtiment nouveau et particulier aux Juifs ?

Il faut d'ailleurs remarquer que les Juifs habitaient alors la Palestine et non le désert. Voltaire veut donc que l'on prenne ce passage au pied de la lettre.

Ezéchiel semble être quelque peu de l'avis de Voltaire et ne pas trouver aussi naturelle que les commentateurs bibliques l'innovation culinaire recommandée par l'Éternel. Malgré sa docilité bien connue, il ne peut s'empêcher de se récrier : « Ah ! ah ! ah ! Seigneur Dieu ! »

Donc, même en acceptant l'interprétation des commentateurs, Voltaire aurait été bien excusable de trouver plaisante la figure du bon Ezéchiel à l'idée de manger du pain cuit de cette façon.

Du reste, pas un seul libre-penseur ne meurt que l'on n'invente aussitôt quelque légende sur ses derniers moments. Dernièrement c'était Littré qui aurait demandé un prêtre et que ses amis auraient empêché de se confesser. On en a dit autant de Lamennais et de cent autres. Ce qui devrait cependant vous faire réfléchir et vous mettre en garde contre tous ces racontars, c'est qu'ils ne sont affirmés que par des gens qui n'étaient pas là. Quant à ceux qui étaient présents, ils les nient. Mais peu importe. Il suffit qu'une bourde de ce genre ait une fois été lancée dans le public pour que tous vos prédicateurs la répètent de confiance, sans se préoccuper d'en vérifier l'exactitude, sachant bien que vous ferez de même, et que vous vous garderez de remonter jusqu'à la source pour contrôler leurs citations et leurs assertions.

Votre naïveté me rappelle ce jeune vicaire qui, dans une prosopopée hardie, avait apostrophé véhémentement les ombres de Voltaire et de Rousseau. Après un temps de silence savamment ménagé, le prédicateur, arc-boutant ses deux poings contre sa poitrine et portant ses coudes en avant, s'écriait triomphalement : « Répondez, Voltaire !... Répondez, Rousseau !... Vous le voyez, mes frères, les impies se taisent et ne répondent pas. »

Quant au fond de la question, vous avez parfaitement tiré la conclusion. La théologie de saint Pierre est bien plus voisine de celle de Voltaire et de Rousseau que de celle de l'Église actuelle.

IV

M. DE FREYCINET ET L'EAU DE LOURDES

OU THÉORIE PHYSIOLOGIQUE DES MIRACLES

Le cerveau n'est pas seulement l'instrument de la pensée, puisqu'il existe dans les animaux, qui ne pensent pas. Le rôle du cerveau est bien plus vaste : c'est un centre d'activité, doué d'instincts spéciaux et d'une sorte d'initiative, dont la mission est de présider à toutes les fonctions de la vie organique et animée ; c'est une source de puissance et de gouvernement, disposant de moyens mystérieux, inconnus à la science de l'homme, pour diriger tous les organes de la machine animale ; c'est en quelque sorte un être à part, distinct de nous-même, ayant ses devoirs propres et les accomplissant à notre insu. Nous ne nous doutons même pas de la manière dont il opère. Si je veux remuer mon doigt, mon cerveau sait quels nerfs et quels muscles il faut mettre en jeu; mais moi, je n'en sais rien. Si je suis sur le point de tomber, avant même que je m'en sois aperçu, mon cerveau a imprimé à tout mon corps le mouvement nécessaire pour le remettre en équilibre, et pour replacer mon centre de gravité en ligne droite avec la base sur laquelle je m'appuie.

Inversement, si telle ou telle lésion, tel ou tel désordre se produit dans le cerveau; si une portion de la substance cérébrale s'enflamme ou se ramollit; si un épanchement sanguin s'y produit, si une tumeur purulente s'y forme, il y a une partie correspondante de mon organisme qui est atteinte. Tantôt, c'est une paralysie ou la contracture d'un membre, ou la perte de la parole, ou une inflammation de l'estomac, des intestins ou des veines. Tantôt, ce sont des accidents épileptiformes ou choréiques. Tantôt encore, c'est l'atrophie ou l'hypertrophie d'un organe. Une simple piqûre dans la masse cérébrale ou médullaire, ou la section d'un nerf rachidien, produira le diabète, l'albuminurie, la dégénérescence graisseuse, et mille autres maladies. M. Pasteur a découvert que la rage a son siège dans la moelle allongée, qui est un prolongement du cerveau. Si donc le cerveau a une telle puissance pour produire des désordres graves dans le reste du corps, il est rationnel de supposer qu'il ait une puissance égale pour rétablir l'équilibre des fonctions et des organes. Si le cerveau est capable de nous rendre malades, il doit l'être également de nous guérir. Par quels moyens, par quel mode d'action? Nous ne saurions le dire, mais le mystère n'est pas plus grand ni plus étonnant dans le cas de la guérison que dans celui de la maladie. Une chose est certaine, c'est que le cerveau dispose des moyens d'action nécessaires pour produire la santé comme la maladie, puisque l'état de santé ne peut exister et se maintenir en nous que par l'action normale du cerveau.

D'un autre côté, le cerveau est incontestablement influencé par des causes morales. La surprise, la frayeur, le chagrin, la joie intense, agissent directement sur le cerveau, qui, à son tour, réagit sur nos organes et sur nos viscères les plus étrangers, en apparence, aux émotions de l'âme. Quand un homme est tué par une frayeur excessive, c'est le foie surtout qui est frappé, et la région abdominale du cadavre se colore d'une teinte verdâtre, par suite de l'épanchement de la bile.

Par conséquent, si, par des considérations morales, on parvient à impressionner vivement l'imagination, le cerveau sera évidemment sollicité à une action puissante, infailliblement suivie d'un effet bon ou mauvais sur l'organisme.

Une émotion vive peut faire perdre l'usage de la parole, rendre paralytique ou déterminer la folie. Une autre émotion peut faire cesser ces états maladifs.

Il y a un très grand nombre de maladies qui pourraient disparaître plus ou moins instantanément, si l'on parvenait à persuader le malade qu'il va guérir ou qu'il est guéri. Il semblerait que le cerveau, sous l'influence d'une conviction profonde, se replace instinctivement dans l'état fonctionnel nécessaire pour produire la guérison affirmée.

En d'autres termes, dans beaucoup de cas, il suffit d'impressionner le cerveau assez puissamment pour le déterminer à agir. Dès qu'il est ainsi mis en activité, l'effet se produit nécessairement, à moins que la maladie n'ait une cause échappant à l'influence du cerveau.

Mais la science est incapable de dire exactement quelles maladies échappent ou n'échappent pas à l'influence du cerveau. Les médecins qui se permettent d'attester que telle ou telle guérison n'a pu se faire que par suite d'une intervention surnaturelle, sont des hommes qui n'ont pas même pris la peine d'apprendre le peu que la science humaine a découvert des lois mystérieuses de la nature, dans les phénomènes de la santé et de la maladie, de la vie et de la mort. Leur témoignage n'a pas plus de valeur que celui d'un instituteur communal qui se permettrait d'affirmer que tel ou tel phénomène astronomique a une cause surnaturelle, parce que ce phénomène dépasse les limites de ses minces connaissances en astronomie.

C'est le cas de ces piètres praticiens que l'on voit de ci, de là, délivrer des brevets de miracles aux guérisons qui déroutent leur pauvre science. S'ils avaient pris soin de se tenir au courant des travaux de leurs confrères et de lire les revues médicales, ils n'auraient pas fait cette injure à leur titre de docteur.

De toute antiquité, la suggestion mentale a servi d'auxiliaire à la médecine, et a produit des guérisons [1].

Dans tous les pays, dans toutes les religions, il y a eu et il y a encore des guérisseurs de profession, des thaumaturges, des faiseurs de miracles, qui opèrent sans médicaments, et des lieux de pèlerinage, où des guérisons véritables se sont produites. Les soi-disant miracles de Lourdes ne sont rien auprès de ce qui se passe dans ce genre en Orient et dans les Indes.

Même dans nos hôpitaux et dans nos facultés de médecine, l'emploi de la suggestion comme moyen de guérison a reçu droit de cité. Le Dr Bernheim, professeur à la Faculté de médecine de Nancy, a écrit un livre intitulé : *De la suggestion et de ses applications à la thérapeutique* (Paris, 1886) [2].

1. Ne serait-ce pas à une pure influence morale et à l'action de l'imagination sur le physique, que l'homéopathie et le mattéisme, ces médecines idéales et hypothétiques, sont redevables de leurs succès accidentels ?

2. Cet ouvrage est à lire tout entier, aussi bien que ceux de Charpignon et de Hack Tuke, cités plus loin. Ajoutons-y : Padioleau, *Médecine morale;* Liébault, *Du sommeil et des états analogues, considérés surtout au point de vue de l'action du moral et de l'imagination sur le physique.*

Dans ce livre, le Dr Bernheim rapporte un grand nombre de guérisons obtenues à l'hôpital de Nancy par l'emploi de la suggestion, non seulement de la suggestion hypnotique, mais aussi de la suggestion simple, c'est-à-dire pratiquée dans les conditions ordinaires de l'état de veille. Mais le sommeil, surtout le sommeil provoqué ou hypnotisme, est infiniment plus favorable à l'action de la suggestion, parce que, dans le sommeil, la volonté et le raisonnement étant suspendus et la faculté imaginative restant seule et sans contrôle; le cerveau cède facilement à toutes les impressions, sans pouvoir les discuter et les vérifier. C'est ce que prouve le phénomène du rêve qui, pour être naturel et d'une occurrence journalière, n'en est pas moins un fait merveilleux et incompréhensible. Dans le rêve, le cerveau accepte sans hésitation les choses les plus fausses, les plus absurdes, les plus impossibles. Il les voit, il les sent, comme si elles existaient réellement. La plus belle intelligence perd subitement tous ses attributs, toute sa logique, tout son discernement. Elle obéit passivement, comme celle de l'idiot ou celle de l'animal (car l'animal rêve aussi), aux suggestions inattendues que le jeu de nos organes endormis, ou les souvenirs de l'état de veille, peuvent faire naître dans la portion imaginative et sensitive de la substance cérébrale.

C'est ce qui arrive également dans le sommeil nerveux ou hypnotisme; le cerveau cède alors avec la plus grande facilité à toutes les suggestions et perçoit toutes les impressions qu'il plaît au premier venu d'éveiller en lui.

Si, dans un hypnotisé, il est si facile de produire la paralysie, l'insensibilité, la contracture des membres, et jusqu'à des suintements de sang sur telle ou telle partie du corps, il est tout naturel que l'on puisse produire les phénomènes inverses, c'est-à-dire rappeler au mouvement et à la sensibilité un membre paralysé, faire cesser les contractures nerveuses, arrêter les hémorragies, etc., etc...

Si, dans l'état d'hypnotisme, le cerveau est si docile aux impressions qui lui sont communiquées, il est tout simple qu'on puisse, à volonté, éveiller en lui les facultés latentes et mystérieuses qu'il a reçues de la nature pour conserver et rétablir dans l'organisme cet équilibre fonctionnel qu'on appelle la *santé*. C'est ce que prouvent surabondamment le livre de M. Bernheim et un grand nombre de publications récentes, émanées de nos plus éminents professeurs et agrégés de médecine.

Mais, dès lors qu'il est prouvé que l'on peut, à l'aide du sommeil nerveux, mettre le cerveau en état d'activité et l'inciter à intervenir directement dans le fonctionnement de l'organisme, pourquoi cette possibilité n'existerait-elle pas également dans l'état de veille?

Elle existe, mais à la condition que l'on agisse d'une manière suffisamment puissante sur le cerveau pour qu'il en arrive au même degré de docilité, de passivité et d'impressionnabilité que dans le sommeil nerveux ou même dans le sommeil naturel.

C'est là ce qu'il est difficile d'obtenir dans les circonstances ordinaires de la vie. L'état de veille rend au cerveau son indépendance, l'exercice de la volonté, la faculté de raisonner, d'apprécier, de discuter et de résister. Il ne peut plus être impressionné arbitrairement.

Cependant, si, par suite d'un concours de circonstances favorables, vous parvenez à frapper l'imagination, à impressionner le cerveau, à prendre sur lui un ascendant suffisant, vous produirez les mêmes effets dans l'état de veille que dans l'état de sommeil.

C'est ce qui explique la croyance universelle et séculaire aux amulettes, aux talismans, aux fétiches, aux guérisseurs inspirés et aux thaumaturges. On y a cru, parce que très véritablement des prodiges ont eu lieu, des guérisons spontanées ont été produites, en apparence par l'effet d'un pouvoir occulte, en réalité par l'influence du moral sur le physique, du cerveau sur l'organisme.

Bernheim, à ce sujet, écrit ce qui suit :

« Paracelse, ce chrétien croyant, ce grand partisan de l'occultisme, avait reconnu la cause des effets des amulettes et choses semblables, car il écrivait ces paroles judicieuses : « Que l'objet de » votre foi soit réel ou faux, vous n'en obtiendrez » pas moins les mêmes effets ; c'est ainsi que, si je » crois en une statue de saint Pierre comme j'aurais » cru en saint Pierre lui-même, j'obtiendrai les » mêmes effets que j'aurais obtenus de saint Pierre » lui-même ; mais c'est là une superstition. C'est la » foi, cependant, qui produit ces miracles, et soit » qu'elle soit vraie, soit qu'elle soit fausse, elle pro» duira toujours les mêmes prodiges.

» On conçoit facilement les effets merveilleux

» que peuvent produire la confiance et l'imagina-
» tion, surtout quand elles sont réciproques entre les
» malades et celui qui agit sur eux. Les guérisons
» attribuées à certaines reliques sont l'effet de cette
» imagination et de cette confiance. Les méchants et
» les philosophes savent que si, à la place des osse-
» ments d'un saint, on mettait ceux de tout autre
» squelette, les malades n'en seraient pas moins
» rendus à la santé, s'ils croyaient approcher de
» véritables reliques. » (Pierre Pomponazzi, de Milan, cité par Hack Tuke [1].

» Citons les invocations des prêtres égyptiens pour obtenir de chaque génie la guérison des membres soumis à son influence, les formules magiques qui enseignaient l'usage des simples contre les maladies, la médecine des descendants d'Esculape dans les Asclépies ou temples de ce Dieu. Citons encore la poudre sympathique de Paracelse, les tracteurs métalliques de Perkins, et les tracteurs pseudo-métalliques (en bois) non moins efficaces des Drs Haygarth et Falconer, et de nos jours la médecine homéopathique et la médecine de Mattei. Faut-il parler du toucher du roi, des guérisons miraculeuses au tombeau du diacre Paris, et des guérisons non moins miraculeuses de Knock, en Irlande, et surtout de Lourdes en France? Et les nombreux guérisseurs, dont

1. Hack Tuke, *Le Corps et l'Esprit. Action du moral et de l'imagination sur le physique*. Paris, 1886.

quelques-uns honnêtes, se croyaient doués, comme certains magnétiseurs, de propriétés surnaturelles, et qui faisaient de la suggestion, sans le savoir : l'irlandais Greatrakes, le prêtre allemand Gassner, le prince abbé de Hohenlohe, le père Mathew, le paysan toucheur des environs de Saumur, le zouave Jacob, et tant d'autres qui existent partout, dont la notoriété ne dépasse pas la région où ils exercent leur mystérieuse puissance !

» Sobernheim, cité par Charpignon [1], raconte qu'un médecin donnait des soins à un homme atteint d'une paralysie de la langue et que nul traitement n'avait pu guérir. Il voulut essayer un instrument de son invention dont il se promettait un excellent résultat. Avant de procéder à l'opération, il lui introduit dans la bouche un thermomètre de poche. Le malade s'imagine que c'est là l'instrument sauveur ; au bout de quelques minutes, il s'écrie plein de joie qu'il peut remuer librement la langue.

» On trouvera parmi nos observations [2] un fait du même genre. Une jeune fille entrée dans mon

1. Charpignon, *Etude sur la médecine animique et vitaliste.*
2. Le lecteur se souviendra que dans cette longue citation le Dr Bernheim parle d'observations faites par lui-même, et qui constituent la seconde partie de son livre *de la suggestion appliquée à la thérapeutique.* Nous nous permettons d'en recommander la lecture aux praticiens qui hésitent à recourir à l'hypnotisme, parce qu'ils n'en connaissent que les exhibitions théatrales, les manifestations extrêmes et les pratiques abusives.

service clinique avait depuis près de quatre semaines une aphonie nerveuse complète. Après avoir formulé ce diagnostic... j'applique la main sur le larynx, j'imprime quelques mouvements à l'organe, je dis : « Maintenant vous pouvez parler à haute voix. » En un instant, je lui fais dire successivement : *a*, puis *b*, puis *Marie*. Elle continue à parler distinctement : l'aphonie avait disparu.

» La *Bibliothèque choisie de médecine*, dit Hack Tuke, relate un exemple catégorique de l'influence exercée par l'imagination pendant le sommeil sur l'action des intestins. La fille du consul de Hanovre, âgée de dix-huit ans, devait se purger le lendemain avec de la rhubarbe, pour laquelle elle avait un dégoût particulier ; elle rêve qu'elle avait pris le médicament abhorré. Influencée par cette rhubarbe imaginaire, elle s'éveilla et eut en cinq ou six fois des évacuations faciles.

» Le même résultat s'est présenté dans un fait rapporté par Demangeon. (*De l'Imagination*, 1879.) « Un moine devait se purger le lendemain matin, il » rêva qu'il avait pris le médicament, et, en consé» quence, il se réveilla pour céder aux sollicitations » naturelles : il eut huit garde-robes abondantes. »

» Mais parmi toutes les causes morales qui, faisant appel à l'imagination, mettent en œuvre le mécanisme cérébral des guérisons possibles, nulle n'est aussi efficace que la foi religieuse. A elle sont dues certainement nombre de guérisons authentiquement constatées.

» La princesse de Schwartzenberg était atteinte depuis huit années d'une paraplégie pour laquelle les plus célèbres médecins d'Allemagne et de France avaient été consultés. En 1821, le prince de Hohenlohe, prêtre depuis 1815, conduit auprès de la princesse un paysan qui a convaincu le jeune prêtre de la puissance de la prière pour la guérison des malades. La paralytique est dégagée des appareils de mécanique qui lui sont appliqués depuis quelques mois par le Dr Heime, pour lutter contre la contracture des membres. Le prêtre invite la paralytique à joindre sa foi à la sienne et à celle du paysan. — Vous croyez-vous déjà soulagée? — Oh! oui, je le crois d'une foi sincère. — Eh bien! levez-vous et marchez.

» A ces mots la princesse se leva, fit quelques tours dans la chambre, essaya de monter et descendre les escaliers. Le lendemain elle se rendit à l'église, et depuis ce moment elle a conservé l'usage de ses membres. (Charpignon.)

» *Le lecteur a compris qu'il s'agissait d'une de ces paralysies nerveuses, si communes, souvent opiniâtres, susceptibles de guérir parfois par une émotion violente.*

» La même chose peut avoir lieu pour les contractures hystériques. « Une émotion morale vive, dit » Charcot, un ensemble d'événements qui frappent » fortement l'imagination, la réapparition des règles » depuis longtemps supprimées, etc..., sont fré» quemment l'occasion de ces promptes guérisons. »

» J'ai vu dans cet hospice trois cas de ce genre, que je résume brièvement :

» 1° Dans le premier cas, il s'agit de la contracture d'un membre inférieur datant de quatre ans au moins. En raison de l'inconduite de la malade, je fus obligé de lui adresser une vigoureuse semonce et de lui déclarer que je la renvoyais. Dès le lendemain, la contracture avait entièrement cessé.

» 2° Le second cas concerne une femme également atteinte d'une contracture limitée à un seul membre. Les crises hystériques proprement dites avaient depuis longtemps disparu. Cette femme fut accusée de vol; la contracture qui avait duré depuis plus de deux ans, se dissipe tout à coup à l'occasion de l'ébranlement moral que produisit cette accusation.

» 3° Dans le troisième cas, la contracture avait pris une forme hémiplégique; elle affectait le côté droit et était surtout prononcée au membre supérieur.

La guérison survint presque tout à coup, dix-huit mois après le début, à la suite d'une très vive contrariété.

» Charcot rappelle à ce propos un article publié par Littré dans la Revue de philosophie positive, intitulé : *Un fragment de médecine rétrospective* (Miracles de saint Louis), et dans lequel on trouve l'histoire de plusieurs cas de paralysies guéries après des pèlerinages faits à Saint-Denis au tombeau où les restes du roi Louis IX venaient d'être déposés [1].

» Parmi les observations de guérison opérées à Lourdes et recueillies par M. Henri Lasserre, je vais en relater quelques-unes en les résumant :

» Catherine Latapie-Chouat, tombée du haut d'un chêne en octobre 1856, s'était fait une forte luxation au bras droit et surtout à la main. La réduction fut opérée avec succès ; mais en dépit des soins les plus intelligents, le pouce, l'index et le médius demeurent absolument recourbés, sans qu'il soit possible ni de les redresser, ni de leur faire faire un seul mouvement. L'idée lui vint d'aller à la grotte de Massabielle, à 6 ou 7 kilomètres de chez elle. Elle y arrive à la naissance du jour, et après avoir prié, va baigner sa main dans l'eau merveilleuse. Et aussitôt sa main se redresse ; elle peut ouvrir et fermer ses doigts qui avaient pris leur souplesse naturelle, comme avant l'accident.

» *On trouvera parmi nos observations* [2] *plusieurs exemples analogues de contracture de la main, même d'origine organique, entretenue par une modalité fonctionnelle nerveuse, instantanément guérie par la suggestion.*

» Marie Lanou-Domengé, âgée de quatre-vingts ans, était depuis trois ans atteinte dans tout le côté

1. Charcot, *Leçons sur les maladies du système nerveux*. Paris, 1872-73.

2. C'est toujours Bernheim qui parle des observations qu'il a faites dans sa propre clinique.

gauche d'une paralysie incomplète; elle ne pouvait faire un pas sans un secours étranger. Un jour, la paysanne, entendant parler de la source de Massabielle, envoya quelqu'un à Lourdes chercher à la source même un peu de cette eau qui guérissait. Elle se fit lever, habiller; deux personnes la soulevèrent et la mirent debout, en la soutenant sous les épaules. Alors elle étendit sa main tremblante vers l'eau libératrice, y plongea ses doigts, fit un grand signe de croix, porta le verre à ses lèvres, en but lentement le contenu. Puis elle se redressa, tressaillit et poussa comme un cri de joie triomphale : « Lâchez-moi! Lâchez-moi vite! Je suis guérie. » Et elle se mit à marcher comme si elle n'avait jamais été malade.

» *Nous relatons aussi* [1] *le fait d'une vieille femme qui ne pouvait depuis deux mois se tenir debout, et qui marcha après deux séances de suggestion hypnotique.*

» L'enfant Tambourné, âgé de cinq ans, présentait, d'après les rapports des médecins, depuis quelques mois, les symptômes d'une coxalgie au premier degré : douleurs très vives au genou, obtuses à la hanche, déviation en dehors de la pointe du pied, claudication d'abord, puis impossibilité de marcher sans provoquer de grandes souffrances. Les fonctions digestives se faisaient mal. Il y avait de l'intolérance pour les aliments, et par suite

1. Voir la note précédente.

grand amaigrissement. L'enfant fut porté à la grotte dans les bras de sa mère. Baigné dans l'eau miraculeuse, l'enfant tomba dans une sorte d'état extatique. Ses yeux étaient grands ouverts, sa bouche demi-béante : « Qu'as-tu ? » lui dit sa mère. — « Je vois le bon Dieu et la Sainte Vierge, » répondit-il. L'enfant, revenu à lui, s'écria : « Mère, mon » mal est parti. Je ne souffre plus. Je puis marcher. » Il rentra à pied à Lourdes et resta guéri.

» Récemment M. Charcot faisait à sa clinique une conférence sur la coxalgie nerveuse et disait : « *Nous savons, par les observations de divers » auteurs, que ces arthralgies psychiques, soit d'origine traumatique, soit dépendant d'une autre » cause, guérissent quelquefois tout à coup, à la » suite d'une émotion vive ou d'une cérémonie religieuse frappant vivement l'imagination.* »

» Mlle Massot-Bordenave, d'Arras, âgée de cinquante-trois ans, avait éprouvé en mai 1858 une maladie qui ôtait à ses pieds et à ses mains une partie de leur force et de leur mouvement. Les doigts étaient dans la demi-flexion. On était obligé de lui couper le pain. Elle se rendit à pied à la grotte, se lava les pieds et les mains ; elle repartit guérie ; les doigts s'étaient redressés et avaient retrouvé leur flexibilité.

» Mlle Marie Moreau, âgée de seize ans, fut atteinte en janvier 1858 d'une maladie d'yeux ; c'était une amaurose ; l'un des deux yeux paraissait tout à fait perdu, l'autre était très malade : toutes les médications avaient échoué. Une neuvaine fut commencée le 8 novembre. Le soir à dix heures, la jeune fille imbiba d'eau de Lourdes un bandeau de toile et le plaça sur ses yeux. Le lendemain à son réveil, quand elle enleva le bandeau, l'œil malade avait recouvré la santé, l'œil mort était ressuscité.

» *On sait qu'il existe des amblyopies et des amauroses complètes, de nature hystérique, même en dehors des attaques d'hystérie. On verra dans nos observations* [1] *des amblyopies rapidement guéries par l'application d'un aimant ou par la suggestion. Braid relate aussi un cas remarquable d'amblyopie nerveuse d'origine traumatique, guérie presque après une seule séance d'hypnotisme.*

» Mlle de Fontenay, âgée de vingt-trois ans, avait depuis près de sept ans une paralysie des membres inférieurs, développée à la suite de deux chutes de voiture et de cheval qui avaient ébranlé son organisation et provoqué un désordre utérin. Les divers traitements institués, deux saisons à Aix, l'homéopathie, l'hydrothérapie, la cautérisation actuelle, avaient échoué. Depuis la fin de janvier 1873, elle ne pouvait plus se tenir sur ses jambes. De plus elle avait de vives douleurs internes et des accidents d'exaspération nerveuse. Elle alla à Lourdes le 21 mai 1873. Peu à peu, durant le cours d'une neuvaine, les forces lui

1. Voir la note 2, page 70.

revinrent graduellement; après la neuvaine, le 3 juin, elle put suivre à pied la procession. Mais le lendemain de la Pentecôte, la paralysie se reproduisit; elle refit en vain une saison à Aix, à Brides, à la Bourboule et revint à Autun, faible, paralysée, démoralisée. Peu à peu, sous l'influence de suggestions religieuses, son imagination s'exalta de nouveau. Le 4 mai 1874, Bernadette lui apparut en songe et lui promit la guérison. Au mois d'août, elle accompagna l'abbé de Musy, guéri lui-même miraculeusement d'une paraplégie, à Lourdes. Plongée plusieurs fois dans la piscine, elle fut transportée dans un chariot à la crypte, le 15 août, anniversaire de la guérison de l'abbé Musy et sur le lieu même de sa guérison. Pendant la messe de l'abbé, elle ressentit un pénible fourmillement dans les jambes; après la messe, elle se leva; elle était guérie.

» *Nouvel exemple de paraplégie nerveuse guérie par la foi. La première suggestion religieuse n'eut qu'un résultat momentané. La seconde, entourée de circonstances propres à impressionner vivement l'imagination, trouva un terrain mieux préparé, une réceptivité psychique plus développée; l'action psycho-thérapeutique fut persistante.* »

Voilà ce que deviennent ces prétendus miracles de Lourdes, lorsqu'ils sont passés au crible d'un examen scientifique. Ils se réduisent à de simples phénomènes nerveux que l'on reproduit journellement dans nos hôpitaux. Mais le médecin a le plus souvent besoin de s'aider du sommeil artificiel ou hypnotisme, parce qu'il lui manque l'influence morale nécessaire pour impressionner le cerveau d'une manière suffisante.

La foi religieuse est mieux partagée. Elle dispose d'une autorité prestigieuse et d'une puissance incomparable sur le cerveau, surtout lorsqu'elle a été inculquée de bonne heure dans une matière cérébrale neuve encore et vierge d'impressions. Le cerveau est alors comme une table rase sur laquelle la première éducation grave des caractères qui resteront indélébiles et que le moindre accident, la moindre commotion feront reparaître. Tous ceux qui ont été élevés dans une maison d'éducation religieuse ou par des parents réellement convaincus, portent un cachet dont la tournure de leur esprit ne se débarrassera jamais.

Il suffira souvent d'une maladie, d'une perte douloureuse ou des approches de la vieillesse et de la mort pour raviver en eux ces premières impressions, leur faire oublier toutes leurs convictions d'hommes mûrs, tous les enseignements de leur raison virile, et les ramener aux crédules imaginations de leur enfance.

Plus l'être moral sera faible, plus ses convictions religieuses seront fortes et inébranlables. C'est pourquoi la femme reste généralement fidèle aux enseignements de sa première éducation.

Le père, l'époux, les fils possèderont le cœur de la femme. Le prêtre seul aura son cerveau, car l'éducation catholique s'applique avant tout, par un soin de tous les instants et par un entraînement savant, à mettre en garde l'esprit de la femme contre l'influence de son entourage masculin et surtout contre l'influence de celui qui doit être son époux. Elle acceptera volontiers sa direction et reconnaîtra peut-être sa supériorité pour les affaires, la littérature, les arts et les sciences; mais pour les idées morales, philosophiques et religieuses, où elle devrait cependant, plus qu'en toute autre matière, se laisser guider par son mari, elle sera intraitable. Dans ce domaine, elle se croit supérieure et infaillible. Il ne lui suffit même pas de défendre son indépendance : elle prend l'offensive, elle veut conquérir et convertir, et, le plus souvent, elle réussit à traîner avec elle à la messe et au confessionnal, soit un mari indifférent et sceptique, qui se dira intérieurement que la paix conjugale vaut bien une messe, soit un époux déiste et rationaliste, à qui elle trouvera le moyen de persuader qu'il est chrétien, et dont elle finira par faire un catholique pratiquant et communiant, à la grande édification des commères bien pensantes. Et pourtant, si vous l'interrogez en tête à tête, si vous le mettez au pied du mur, il vous avouera qu'il ne croit pas à l'histoire de la pomme, ni à la rédemption d'un péché originel imaginaire, base fondamentale de la divinité de Jésus-Christ et du christianisme tout entier.

Telle étant la puissance de la foi religieuse sur le cerveau, puissance à laquelle celle de l'hypnotisme seule est comparable, sans peut-être l'égaler toujours, il devient facile de concevoir que l'idée religieuse — quelque foi que l'on professe, christianisme, bouddhisme, paganisme ou fétichisme — aura nécessairement le monopole des phénomènes nerveux produits à l'état de veille par l'action directe du cerveau sur l'organisme, et principalement le monopole des guérisons spontanées et instantanées.

Les deux livres de M. H. Lasserre sur Notre-Dame de Lourdes sont une démonstration éclatante de notre thèse. On y voit fonctionner, en quelque sorte à l'œil nu, le mécanisme de la suggestion. On y surprend, comme en flagrant délit, le travail de l'imagination sur le cerveau, et la réaction de celui-ci sur l'organisme.

Tous les miraculés de M. Henri Lasserre sont des gens vivement frappés ou longtemps entretenus dans l'espérance d'une guérison miraculeuse, ayant fini par arriver à une conviction à peu près absolue que s'ils se présentent à Lourdes avec une foi assez ardente ils seront infailliblement guéris.

Etant données ces circonstances, et considérant l'effet imposant de la mise en scène en usage dans les pèlerinages, ce dont il faut s'étonner, ce n'est pas qu'il se fasse des guérisons à Lourdes, c'est qu'il ne s'en fasse pas davantage.

Il y a un cas, cité par M. Lasserre, que l'on représente comme échappant nécessairement à l'influence du cerveau sur l'organisme. C'est celui du menuisier Macary, de Lavaur, affligé de varices depuis vingt ans et guéri en une nuit par l'application de l'eau de Lourdes. Trois médecins, les docteurs Rossignol, Bernet et Ségur, affirment que « la science est impuissante à expliquer ce fait ». — De quelle science parlent-ils? De la leur, sans doute. — Ignorent-ils donc les désordres que les moindres troubles du cerveau peuvent produire dans l'état et le fonctionnement de nos organes? Ne savent-ils pas que nos veines, non plus qu'aucune autre partie de notre corps, ne s'enflamment, ne se dilatent, ne subissent une perturbation quelconque, sans que cette perturbation ait nécessairement une cause? Cette cause peut résider dans un agent étranger : traumatisme, lésions accidentelles, empoisonnements ou invasions de microbes. Elle peut consister aussi dans la fatigue, l'usure ou la destruction des éléments organiques. Dans ce cas, le cerveau est le plus souvent impuissant à réagir; encore est-il rationnel de supposer qu'il possède, dans une certaine limite, le moyen d'éliminer les agents nuisibles d'origine étrangère. Mais lorsque le mal réside purement dans le fonctionnement de l'organisme, n'est-ce pas le plus souvent dans le cerveau qu'il faut en chercher la cause première? N'est-ce pas, du moins, à l'action du cerveau qu'il faut demander le remède et sur le cerveau lui-même qu'il faut agir d'abord, afin de mettre en jeu son initiative fonctionnelle et d'éveiller en lui les dispositions intimes nécessaires pour qu'il reprenne sur les organes troublés, y compris les veines et les artères, son rôle naturel de directeur, de modérateur et de producteur de la santé?

Le cas du menuisier de Lavaur est extraordinaire, assurément, mais personne ne peut affirmer que ce soit un fait surnaturel, puisque personne ne peut dire quelles sont les véritables limites de la nature, ni comment elle opère la guérison des maladies, ni quel sera jamais le dernier mot de la science médicale.

Celui qui écrit ces lignes a été témoin d'un soi-disant miracle arrivé à Lourdes en août 1886. Une jeune fille de Mont-de-Marsan, nommée Jeanne X..., était percluse des jambes, ne pouvant marcher ni se tenir debout. Après avoir pris les eaux à Bagnères-de-Bigorre, un certain mieux s'était fait sentir. On la conduisit à Lourdes, où elle recouvra subitement l'usage de ses jambes, mais resta déhanchée, difforme et bancale, comme elle l'était depuis son enfance.

Est-ce un miracle? Assurément non, car ce n'était pas la première fois qu'une pareille amélioration se produisait en elle. Le mieux qu'elle éprouva à Lourdes avait été préparé par les eaux de Bigorre [1]. La mise en scène des pèlerinages frappa son imagination et précipita une crise favorable. Mais la difformité des hanches resta ce qu'elle était, parce que l'imagination et le cerveau ne peuvent agir sur la conformation des os, lorsqu'ils ont acquis un certain degré de solidité et de rigidité.

Pour en revenir à Macary, il est bon de savoir que les trois docteurs de Lavaur avouent que toutes traces de varices n'avaient pas entièrement disparu. « A la place de paquets variqueux, dit M. Bernet, il reste des cordons, petits, durs, vides de sang et roulant sous les doigts. » Il reconnaît d'ailleurs que si l'ulcère de la jambe est cicatrisé, c'est après « deux ans de repos absolu et prolongé au lit, avec application de pansements méthodiques ».

M. Ségur « a pu apercevoir quelques traces

1. Ce mieux était si sensible qu'un journal clérical de la localité donne à cette occasion à Bagnères-de-Bigorre le nom de « vestibule de Lourdes ».

de varices », et M. Rossignol dit qu'il reste une certaine « nodosité à la partie interne et supérieure de la jambe droite ».

C'est donc encore un miracle incomplet, ou plutôt c'est une preuve que l'action du cerveau s'arrête nécessairement à certaines limites. La puissance divine aurait pu tout aussi bien faire circuler de nouveau le sang dans les veines, et enlever complètement les nodosités et la dureté du tissu veineux.

L'intervention de l'imagination est d'ailleurs évidente, dans le cas de Macary, comme dans tous les autres épisodes miraculeux de M. Lasserre. Macary est tellement persuadé qu'il va être guéri par l'eau de Lourdes que, avant de l'employer, il jette aux ordures les linges, les bandes et la peau de chien dont il entourait habituellement ses jambes. Là-dessus il s'endort et se réveille le lendemain guéri.

M. H. Lasserre lui-même est un miraculé. Depuis cinq ou six mois il souffrait d'une hypérémie du nerf optique qui l'obligeait à éviter tout travail des yeux. Un de ses amis, M. Charles de Freycinet (aujourd'hui président du Conseil), avec lequel il avait eu de longues discussions religieuses, et qui, par conséquent, connaissait la vivacité de sa foi catholique, lui conseille d'employer l'eau de Lourdes. M. de Freycinet ne croyait pas au culte de la Vierge, car il était protestant; mais c'était un homme de science et il savait quel est le pouvoir de l'imagination et l'action du cerveau dans certaines maladies, surtout dans les maladies nerveuses. Or, la maladie de M. Lasserre consistait précisément dans une inflammation du nerf optique, produite, d'après son propre récit, par des préoccupations morales. M. de Freycinet fut donc logique en supposant qu'une influence morale pouvait amener du soulagement ou même la guérison. En conséquence de cette donnée rationnelle, il conseilla au malade un système d'*entraînement moral* de nature à le placer dans les dispositions d'esprit nécessaires pour que l'effet désiré eût quelques chances de se produire. « Mon cher Lasserre, dit-il, puisque » le sort en est jeté et que tu tentes décidément » d'obtenir un miracle, il faut te placer dans » les conditions requises, *sans quoi l'expé- » rience serait vaine.* Fais donc les prières » nécessaires; confesse-toi; mets ton âme dans

» un état convenable; accomplis les dévotions » que ta religion t'ordonne. Ceci, tu le com- » prends, *est d'une nécessité primordiale.* »

M. Lasserre s'étonnant qu'un protestant lui conseillât d'avoir recours à des procédés catholiques, M. de Freycinet lui répondit : « Je suis » un homme de science. Et puisque nous » essayons *une expérience*, je veux que nous » en observions rigoureusement toutes les don- » nées. *Je raisonne comme si je faisais de la* » *physique ou de la chimie.* »

M. H. Lasserre passe plusieurs jours dans une grande surexcitation. La fête des Saints Anges appproche et son exaltation redouble. Il attribue tout ce qui lui arrive à l'intervention de son ange gardien. C'est le jour des Saints Anges que lui parvient l'eau de Lourdes : nouvelle coïncidence qui frappe de plus en plus son imagination. Il faut ici lui laisser la parole :

« En entrant, j'avais placé sur ma cheminée la caisse et la brochure. A chaque instant, je considérais cette boîte qui contenait l'eau mystérieuse, et il me semblait que dans cette chambre solitaire, *quelque chose de grand allait se passer*. Je redoutais de toucher de mes mains impures à ce bois qui renfermait l'onde sacrée; et, d'un autre côté, j'étais étrangement tenté de l'ouvrir et de demander ma guérison, avant même la confession que je me proposais de faire le soir. Cette intérieure angoisse dura un temps assez long, que je ne puis préciser; elle se termina par une prière...

» Et m'étant ainsi réconforté par cet appel à la bonté divine, j'osai ouvrir la petite caisse. Une bouteille d'eau limpide s'y trouvait, soigneusement emballée.

» J'enlevai le bouchon, je versai l'eau dans une tasse, et je pris dans ma commode une serviette. Ces vulgaires préparatifs que j'accomplissais avec un soin minutieux, étaient empreints, je m'en souviens encore, *d'une secrète solennité qui me frappait moi-même,* tandis que j'allais et venais ainsi en ma chambre. Dans cette chambre je n'étais pas seul : il était manifeste qu'il y avait Dieu [1]. La Sainte Vierge que j'invoquai y était aussi sans doute.

» *La foi, une foi ardente et chaude, était descendue en moi et embrasait mon âme.*

» Quand tout fut achevé, je m'agenouillai de nouveau.

» — O Sainte Vierge Marie, ayez pitié de moi et guérissez mon aveuglement physique et moral!

» Et, en prononçant ces paroles, le cœur plein

1. Dieu est toujours partout.

de confiance, je me frottai successivement les deux yeux et le front avec ma serviette, que j'avais trempée dans l'eau de Lourdes. Ce geste que je décris ne dura pas trente secondes.

» Qu'on juge de mon saisissement, je dirai presque de mon épouvante! A peine avais-je touché de cette eau miraculeuse mes yeux et mon front, que je me sentis guéri tout à coup, brusquement, sans transition, avec une soudaineté, que, dans mon langage imparfait, je ne puis comparer qu'à celle de la foudre. »

On le voit, tout était combiné dans le cas de M. Lasserre pour porter à son paroxysme l'influence de l'imagination sur le système nerveux, et pour éveiller toutes les forces latentes du cerveau comme régulateur suprême de la santé et de la maladie. On s'en va répétant que M. Lasserre était médecin et athée, et qu'il fut converti par un miracle; il n'en est rien : M. Lasserre, dès avant sa guérison, était un croyant ardent et passionné, un homme crédule et superstitieux, voyant dans toutes les coïncidences une intervention surnaturelle et habitué aux pratiques fétichistes qui ont remplacé partout dans le catholicisme le véritable esprit religieux. Il est disposé à tout croire, à tout espérer, n'importe de quel agent, pourvu qu'il s'y joigne quelque apparence de mystère. Plus tard, ayant souffert d'une inflammation des paupières, il vit encore cesser ses douleurs par l'application d'un peu d'huile provenant d'une lampe allumée chez un simple particulier en l'honneur d'une image de la sainte Face, garantie d'une ressemblance authentique.

Nul doute que si M. Lasserre avait eu d'autres maladies du même genre, on eût pu les guérir toutes et à coup sûr par l'emploi d'une amulette quelconque. Son cas n'a donc rien de surnaturel ni même de bien extraordinaire au point de vue scientifique. Le moindre interne de nos hôpitaux, en possession d'un sujet de ce tempérament exalté et mystique, arrivera facilement à produire des effets semblables.

Ce qui serait réellement surnaturel et miraculeux, le voici : amenez à Lourdes un homme ayant une jambe de bois, plongez-le dans la piscine, et faites que cette jambe de bois devienne une jambe de chair et d'os, comme primitivement.

Ou bien prenez un aveugle — non un homme qui aurait perdu la vue par suite d'une amaurose ou d'un excès de fatigue, d'une émotion ou d'une affection nerveuse ou rhumatismale, — mais un homme dont les deux yeux aient été crevés ou arrachés. Versez dans ses orbites vides une certaine quantité d'eau de Lourdes et rendez la vue à cet aveugle.

Ou bien encore prenez un mort — non un mort qui pourrait n'être que plongé dans un état de léthargie ou de catalepsie — mais un mort dont le cou aurait été coupé, et faites que la tête de ce mort se soude de nouveau à ses épaules et que cet homme ressuscite.

Voilà ce que nous appellerions des faits surnaturels, de véritables miracles. Faites cela, et nous croirons à Notre-Dame de Lourdes, à tous vos dogmes, à un Dieu en trois personnes ne faisant cependant qu'un seul Dieu, le Père engendrant le Fils sans être plus ancien que lui, et le Saint-Esprit procédant du Père et du Fils, sans être moins ancien que les deux autres, et sans être produit par eux. Nous croirons même que Dieu, cette raison d'être de tout ce qui existe, cette cause éternelle de toutes choses, cet être universel, incompréhensible et indéfinissable, en qui nous sommes et nous mouvons, comme ont dit saint Paul et Voltaire [1], et que l'immensité elle-même ne saurait contenir, nous croirons que ce Dieu est réellement présent tout entier, avec un corps et une âme comme les nôtres, dans le morceau de pain que vous tenez entre vos doigts, que vous mettez dans notre bouche et qui va se combiner dans notre estomac avec le suc gastrique, pour se transformer en chyle, en chyme, en lymphe et en matières fécales.

Nous croirons toutes ces choses, bien qu'elles révoltent en nous ce que Dieu lui-même y a mis de bon sens et de raisonnement. Nous le croirons si vous faites ce que j'ai dit, ne fût-ce qu'une seule fois. Mais nous vous défions de le faire. Nous défions Notre-Dame de Lourdes, tous les pèlerinages du monde et toutes les religions ensemble de faire repousser une jambe, un bras, un œil. Nous les défions même de rendre instantanément à un cheveu coupé

1. Il n'y a dans la nature qu'un principe universel, éternel et agissant... Dire que quelque chose est hors de lui, ce serait dire qu'il y a quelque chose hors du grand Tout. Dieu étant le principe universel de toutes les choses, toutes existent donc en lui et par lui. (Voltaire, *Dictionnaire philosophique*, art. *Idée*, section II.)

sa longueur primitive, parce que notre cerveau, si puissant dans les œuvres de la santé et de la maladie, et bien que doué d'un empire manifeste sur nos organes, nos viscères, nos veines, nos artères, et jusque sur notre peau [1], n'a pas reçu pour mission de remplacer les parties de notre corps qui en auraient été violemment séparées.

Mais entendons-nous. Quand vous ferez les miracles que nous vous demandons, nous voulons être là, car vous savez combien de fois vous avez été vous-mêmes les victimes de la supercherie. C'est devenu une véritable industrie que de se faire « miraculer » à Lourdes. Vous n'avez pas oublié, entre autres mésaventures qui vous sont arrivées, l'histoire de ce sourd-muet de naissance, guéri miraculeusement à la piscine de Lourdes et se mettant immédiatement à parler en bon français, bien qu'il n'ait pu avoir la moindre idée de la signification des mots et des expressions, puisqu'il

1. En agissant sur le cerveau par la suggestion mentale, hypnotique ou non, on peut rendre la peau, les muscles et les nerfs insensibles à la douleur. On peut empêcher le sang de couler d'une veine piquée, etc., etc...

ne les avait jamais entendus. Embarrassé par les questions d'un médecin moins crédule ou moins complaisant que les docteurs de Lavaur, il prit le parti de retourner à son premier métier de sourd-muet, jusqu'à ce que, arrêté pour vol, il fut obligé de confesser en police correctionnelle qu'il avait toujours entendu et parlé comme vous et moi. Vous vous rappelez également l'aventure de ces deux zouaves, revenant guéris des eaux de Saint-Sauveur, où ils avaient été envoyés aux frais de l'État, et à qui on avait fait croire, moyennant la promesse de 50 francs par tête d'aller se faire *reguérir* miraculeusement à Lourdes. Grande fut l'édification des fidèles en voyant ces braves se diriger vers la piscine, appuyés sur des béquilles. Mais quel enthousiasme dans cette foule naïve, lorsque nos deux héros, se levant comme un seul homme, proclamèrent qu'ils étaient guéris, et, emboîtant le pas avec une précision toute militaire, marchèrent droit à la muraille pour y suspendre d'un commun accord les béquilles du gouvernement ! Malheureusement, au lieu des 50 francs promis, on eut la funeste idée de ne leur donner que 15 francs à chacun. Furieux et échauffés par le vin, ils firent grand tapage, se plaignant à tous venants qu'on les eût volés, tant et si bien qu'on fut obligé d'appeler les gendarmes et qu'à leur retour au régiment, à Bordeaux, le général de Rochebouet les fit condamner à 30 jours de prison pour escroquerie, ivresse publique et perte d'effets militaires.

Voulez-vous que nous vous donnions un moyen d'éviter semblables mésaventures à l'avenir, tout en vous assurant un approvisionnement suffisant de miracles variés et authentiques? Adressez-vous aux médecins de nos hôpitaux. Demandez-leur de vous envoyer tant pour cent de leurs malades atteints d'affections nerveuses, après les avoir hypnotisés et leur avoir paralysé, par la suggestion, à qui une jambe, à qui un bras, à qui la langue ou le nerf optique, ou après leur avoir communiqué une difformité quelconque par la contracture hystériques des muscles. Il faut de plus qu'on leur ait suggéré de rester un certain temps dans cet état, après leur réveil, et d'avoir alors l'idée de faire un pèlerinage à Lourdes, avec injonction de se trouver tout à coup guéris, au premier plongeon dans « l'onde sacrée » (comme dit M. Lasserre). Vous pouvez compter que les phénomènes nerveux ainsi préparés ne manqueront pas de s'accomplir, et vous aurez de cette façon une succession régulière de guérisons véritables, en nombre suffisant pour mettre votre piscine à sec.

Si les médecins de nos hôpitaux se refusent à vous venir en aide, rien n'est plus facile que de vous passer d'eux et d'arriver par vos seules ressources au même résultat. Le premier venu peut faire ce que je dis. Vous n'avez que l'embarras du choix, dans votre clientèle dévote, pour trouver un assortiment complet de gens nerveux et mystiques qui feront d'excellents sujets hypnotisables. Rien que dans vos couvents et vos confréries, vous avez une pépinière inépuisable d'hommes et de femmes plus ou moins hystériques, dont vous tirerez des merveilles. Avec de pareils sujets, il ne faut qu'une seconde de temps, un mot, un simple regard, pour produire un état hypnotique plus ou moins intense. Voulez-vous acquérir sur ces gens-là un ascendant prestigieux? — Hypnotisez-les, sans qu'ils s'en doutent, et suggérez-leur que tel jour, à telle heure, dans le secret de leur âme, ils auront telle ou telle pensée, ou que, seuls et sans témoins, ils feront telle ou telle action, sans même soupçonner qu'elle leur a été suggérée. Apparaissez-leur sur ces entrefaites, et dites-leur d'un air profond : « Vous venez d'avoir telle pensée... Vous venez de faire telle chose. » Ils resteront confondus et vous regarderont à tout jamais comme un être doué d'un pouvoir surnaturel.

Alors, même sans le secours de l'hypnotisme, vous en ferez ce que vous voudrez. Si vous leur prédisez qu'ils auront telle ou telle maladie en punition de leurs péchés, cette maladie, ou une maladie analogue, ne manquera pas de se produire. Si, plus tard, vous leur dites que le ciel s'est apaisé, et qu'ils seront guéris tel jour, à tel heure et à tel endroit, en faisant telle prière, telle neuvaine ou tel pèlerinage, la guérison s'opérera sans faute et au moment précis [1].

En vérité, vous avez été bien modestes jus-

1. M. Bernheim cite un grand nombre de faits établissant avec la dernière évidence que l'on pourrait réellement exécuter ce que nous proposons ici sous une forme ironique non pour nous moquer, mais pour aider à notre argumentation et montrer à combien d'erreurs et d'impostures l'humanité est exposée.

qu'ici. Trente miracles seulement par saison! C'est une misère, alors que vous pouviez en produire des centaines et des milliers. Il est vrai que si la chose devenait trop commune, on finirait par s'y habituer, et l'on n'y ferait plus attention [1].

Est-ce à dire que vous soyez des imposteurs? Non évidemment, ou, si vous l'êtes, vous l'êtes de bonne foi. Vous pratiquez inconsciemment l'hypnotisme et la suggestion mentale. Vous en

1. Chaque pèlerinage ne peut durer qu'un certain temps, après quoi la vogue s'épuise et les miracles cessent de s'opérer, parce que l'imagination et le cerveau ne sont plus assez vivement impressionnés pour entrer dans les dispositions nécessaires à leur production. Qui parle aujourd'hui de Verdelais ou de La Salette? Il est vrai que La Salette reçut un coup mortel le jour où Mlle de la Merlière fut contrainte d'avouer en plein tribunal que c'était elle qui avait apparu à Maximin et à Sidonie dans le rôle de la Vierge. Mais cette supercherie n'avait pas empêché les miracles de se produire auparavant, avec tout autant d'entrain que dans la suite à Lourdes. Paray-le-Monial aussi a eu son moment de faveur. « Sauvez Rome et la France. » C'est peut-être parce que Marie Alacoque n'a sauvé ni Rome ni la France, qu'on a déserté son sanctuaire. — Quelle singulière idée que d'avoir placé sur nos autels cette visionnaire hystérique à qui la simple vue d'un morceau de fromage donnait des attaques de nerfs, et qui, dans ses accès de nymphomanie, s'imaginait coucher avec Jésus-Christ, et reposer, nu à nu, sur sa poitrine et dans ses bras! Telle fut pourtant l'origine de la dévotion du Sacré-Cœur. Il est au moins étonnant, pour ne pas dire inconvenant, qu'on ait mis tant de maisons d'éducation de jeunes filles sous les auspices d'une dévotion qui a sa source dans une pure hallucination érotique.

êtes vous-mêmes les sujets et les premières victimes, en même temps que les instruments et la cause première. C'est sans doute ce qui est arrivé à la plupart des thaumaturges, ou faiseurs de miracles, qui abondent dans l'histoire de toutes les religions ; voire même ce qui a dû arriver à la plupart des magiciens et des sorciers, qui ont pu se croire de bonne foi possesseurs d'un pouvoir occulte, comme l'ont cru peut-être aussi les rois et les paysans guérisseurs, les Mesmer, les Cagliostro, les Dom Bosco, le zouave Jacob et tant d'autres.

C'est ce qui a pu arriver aussi aux divers fondateurs de religion. Les hommes qui, parmi ces populations mystiques de l'Orient, ont vu des maladies comme la paralysie et l'épilepsie se calmer ou se guérir à leur voix, ou par leur simple attouchement, ou même à leur seul aspect, se sont nécessairement crus les instruments de Dieu ses délégués et ses représentants sur la terre. Jésus ne donne pas d'autre preuve de sa mission, et le plus grand reproche que les apôtres adressent aux Juifs, c'est de n'avoir pas été convaincus par ses miracles, qui l'avaient convaincu lui-même, et qui avaient fait de lui, à ses propres yeux, l'envoyé spécial et comme une émanation de la Divinité. Il en a été de même, sans aucun doute, de Mahomet, des nombreux Madhis arabes et des sept Bouddhas indiens. Pour fonder une religion dans l'antiquité, il a dû suffire d'avoir découvert par hasard quelques-uns de ces phénomènes nerveux dus à l'action physiologique du cerveau sur l'organisme, mais attribués de bonne foi à l'intervention divine par ceux-là mêmes qui les produisaient.

Cependant, dans le nombre de ces faiseurs de miracles, croyez-vous qu'il n'y ait pas eu aussi des fourbes et des imposteurs, ayant surpris quelques-uns de ces merveilleux secrets de la nature, et les ayant habilement exploités pour s'assurer une influence prestigieuse sur les populations ignorantes et crédules? Encore aujourd'hui, le plus mince interne des hôpitaux, le dernier des étudiants en médecine pourrait, s'il lui plaisait, se faire passer pour sorcier aux yeux des habitants de nos campagnes. Que serait-ce donc dans ces vastes régions de l'Europe où la foi aux sortilèges et aux puissances occultes est encore si vivace? Que serait-ce surtout dans les continents de l'Asie et de l'Afrique, où les lumières de la civilisation n'ont pas encore pénétré?

C'est pourquoi, nous qui avons besoin de voir, et de voir scientifiquement, avant de croire, nous voulons être là pour contrôler vos miracles, si vous consentez à nous en montrer. Nous voulons être là pour vous sauver vous-mêmes d'être les victimes des apparences, d'être trompés par des faits mal étudiés, d'être entraînés par vos dispositions mystiques qui vous hallucinent et vous font voir des prodiges et des événements surnaturels dans les moindres accidents fortuits, dans de simples coïncidences ou dans des phénomènes purement physiologiques. Nous voulons surtout être là si vous ressuscitez un homme guillotiné, parce qu'il ne faut pas que nous puissions vous soupçonner d'avoir servi aux naïfs un décapité parlant, comme on en voit à la foire. A cette condition, nous vous mettons au défi de faire repousser une tête, une jambe, un bras, un doigt ou un cheveu, à la piscine de Lourdes.

IV

LA VRAIE FIN DE SATAN

Depuis que les découvertes de M. Charcot et de ses disciples ont fait entrer l'hypnotisme dans le domaine de la science positive, on peut dire que le merveilleux a vécu, et que c'en est fait du règne de Satan dans l'humanité civilisée. Rien de plus facile aujourd'hui que d'expliquer d'une manière scientifique et naturelle tous les prodiges accumulés par l'histoire sous le nom de miracles, de visions, d'extases, de possessions du démon et de sorcellerie. Il n'y a pas jusqu'aux hallucinations du spiritisme avec tous les phénomènes du même genre, tables tournantes, esprits frappeurs, revivals américains, etc., qui ne puissent être rapportés à la suggestion mentale et à l'influence de l'imagination sur des organismes particulièrement impressionnables ou maladifs[1].

Il resterait, cependant, quelques points à éclaircir dans les cas prétendus de possession du démon. S'il faut en croire les nombreuses relations que les annales religieuses nous ont transmises, les soi-disant possédés auraient très fréquemment exécuté des ordres qui leur étaient donnés mentalement par les exorcistes. — En d'autres termes, les possédés auraient agi comme s'ils avaient eu le don de lire dans la pensée. Ce phénomène impliquerait la possibilité de la suggestion tacite et à distance. Or, il y a tout lieu de croire que cette possibilité existe. Elle a été affirmée par la plupart de ceux

1. Dans Jeanne d'Arc, l'hallucination s'est produite d'elle-même par suite de l'exaltation de ses sentiments patriotiques, surexcités par les prédications des moines, les récits des hommes de guerre et le voisinage des envahisseurs. Ce sont les propres pensées de notre grande héroïne nationale qui se sont transformées en visions et en voix célestes, par une sorte de suggestion mentale spontanée.

On dit que l'Église songe à canoniser Jeanne d'Arc. Ce ne serait que justice, en vérité; l'Église lui doit bien cette réparation, car c'est en vertu des doctrines de l'Église sur la sorcellerie que la libératrice de la France a été condamnée par un tribunal exclusivement composé d'évêques, de moines et de théologiens. Que de milliers de victimes, aussi innocentes que Jeanne d'Arc, quoique moins illustres, ont été envoyées au bûcher par la théologie !

qui ont pratiqué le magnétisme, c'est-à-dire par les précurseurs inconscients de l'hypnotisme scientifique. Mais il n'y a pas que les empiriques qui se soient préoccupés de cette question. Elle vient d'être signalée à l'attention des savants par diverses communications émanant d'hommes qui offrent toutes les garanties de sang-froid et de compétence. Des professeurs de philosophie et des docteurs en médecine ont adressé à la Société de Psychologie physiologique plusieurs observations sur des cas de suggestion à distance absolument évidents. Nul doute que cette découverte ne soit bientôt confirmée, et que tout ce qui est encore obscur dans l'histoire du merveilleux à travers les âges ne trouve dans un avenir prochain une explication naturelle.

Mais nous pouvons dès à présent concevoir que la transmission tacite de la pensée et de la volonté est théoriquement possible. En effet, la pensée peut être définie une sorte de *parole intérieure*, dans ce sens qu'il nous est impossible de formuler une seule pensée qui ne prenne instantanément la forme du langage. Toute pensée est une phrase que nous parlons intérieurement et que nous entendons au dedans de notre cerveau. A tout le moins la pensée est-elle inséparable d'une certaine vibration cérébrale qui tient de la nature du son.

Si donc on suppose le sens de l'ouïe parvenu à un degré suffisant d'acuité, pourquoi ne percevrait-il pas ces vibrations acoustiques, inséparables de la pensée, comme nous percevons le bruit des battements du cœur et des artères? Pourquoi n'entendrait-il pas cette phrase cérébrale, cette parole intérieure qu'on appelle la pensée?

Ce n'est qu'une question de finesse et de subtilité dans le sens de l'ouïe. Or, on sait que dans certains états morbides les sens acquièrent tout à coup un développement extraordinaire. On a vu des moribonds entendre ce qui se passait ou ce qui se disait à voix basse à plusieurs étages de distance. Il en est de même dans certaines maladies nerveuses et dans l'état d'hypnotisme, où la surexaltation des sens, de même que l'insensibilité et la paralysie, peut être produite par la simple suggestion mentale.

Si l'on ordonne à un sujet hypnotisé d'entendre tel ou tel bruit, imperceptible dans le cours ordinaire des choses, ses facultés auditives se tendront et parviendront souvent à un degré de puissance qui semble tenir du prodige.

La volonté étant une des nuances de la pensée, elle est comme celle-ci inséparable d'une certaine vibration cérébrale qui devient perceptible au sens de l'ouïe, si l'on suppose à celui-ci une acuïté suffisante. Il serait donc théoriquement possible de communiquer un ordre de la volonté à un sujet hypnotisé sans le secours de la parole. Il suffirait de formuler tacitement cet ordre avec assez d'énergie pour engendrer un mouvement cérébral capable d'être perçu. En apparence, cet ordre serait donné mentalement et perçu intuitivement. En réalité, il serait exprimé par la parole intérieure et perçu auditivement.

En dépit de cette théorie ou de toute autre qui pourrait être produite, il est incontestable que le fait de la communication tacite de la pensée et de la volonté constituerait un phénomène absolument merveilleux dans l'état actuel des connaissances humaines.

Mais à combien de merveilles les découvertes de la science ne nous ont-elles pas accoutumés ? Les prodiges de la vapeur et de l'électricité eussent été regardés autrefois comme absolument incroyables en dehors de l'intervention divine ou de celle du démon. A considérer les choses froidement, serait-il réellement beaucoup plus étonnant de voir un cerveau humain percevoir, soit par l'ouïe, soit autrement, les vibrations nerveuses engendrées par la pensée dans un autre cerveau humain, que d'entendre à Paris, à l'aide d'un fil métallique, une parole vivante proférée à Rome ou à Pékin? Qui dira la nature et le mode d'action du sens mystérieux et encore innommé qui sert de guide au pigeon voyageur et lui fait retrouver à travers l'espace, à des distances prodigieuses, les émanations de son colombier? Si le fait n'était pas si commun, personne voudrait-il y croire?

N'est-ce pas aussi une action à distance qui s'exerce entre la terre et la pierre qui tombe? La même action ne s'exerce-t-elle pas entre la terre et le soleil, à un intervalle de trente-six millions de lieues?

L'hypnotisme à distance ne serait donc qu'une merveille de plus dans ce monde de merveilles. Encore quelques centaines d'années, et la nature, mieux connue, nous aura donné la clef de toutes les énigmes du passé, en même temps qu'elle nous aura découvert de nouvelles sources de prodiges devant lesquels pâliront tous les étonnements de l'époque actuelle. Un jour viendra où l'on aura peine à concevoir que l'homme ait jamais pu croire à ce merveilleux ridicule, à ce surnaturel grotesque qui ont défiguré jusqu'ici l'idée de Dieu, celle de l'homme et celle de la nature.

Le véritable merveilleux, c'est la réalité telle que la science la découvre chaque jour. Si la science ne date que d'hier, l'humanité a devant elle des siècles à l'infini.

Il est douteux cependant que nous arrivions jamais à pénétrer l'essence divine. Ceux qui ont cherché à la définir n'ont abouti qu'à l'incohérent et à l'absurde; ceux qui ont prétendu parler au nom de la Divinité n'ont fait que lui prêter leurs propres imaginations, les imperfections de l'homme et jusqu'à ses vices. En fait de théologie, le plus sage et le plus sûr est de se taire. Un silence timide et recueilli est la seule attitude qui nous convienne en face de l'idée de Dieu. Ce qu'il est — nous ne pourrions le comprendre que si nous étions son égal. Où il est — c'est partout et nulle part. Ce qu'il veut — c'est ce qui existe aujourd'hui et ce qui existera demain, car rien ne peut arriver qui n'ait sa raison d'être et qui ne rentre dans l'ordre général et immanent des choses. Quant au monde naturel, à ses lois et à ses mystères, c'est à peine si nous avons soulevé un coin du voile qui les dérobe à nos yeux; mais le peu que nous en connaissons suffit pour nous ouvrir des horizons immenses. Nul n'oserait dire aujourd'hui qu'il sait où s'arrête le domaine de la nature et quelles sont les dernières limites du possible. C'est pourquoi toute révélation, tout dogme religieux fondé sur le merveilleux et le surnaturel, pèche par la base et repose nécessairement sur l'ignorance et sur l'erreur. Or s'éloigner de l'erreur, c'est se rapprocher de la vérité. Nous devons donc rejeter sans hésitation tout ce qui est manifestement erroné, ou gratuitement hypothétique, ou simplement contraire à la raison, cette lumière intérieure qui n'a pas été mise en nous pour nous tromper, pas plus que le soleil n'a été mis dans les cieux pour égarer nos pas. C'est ainsi que l'homme arrivera graduellement à la *Vérité certaine, indiscutable et souveraine,* qui sera la *Religion de l'Avenir.*

P.-S. — Nous nous arrêtons au seuil de cet avenir plein de promesses, laissant à des intelligences plus robustes le soin d'explorer les perspectives lointaines de l'horizon métaphysique[1]. Mais, avant de clore ces pages, nous tenons à déclarer qu'en combattant les absurdités dogmatiques échafaudées sur la base fragile d'un merveilleux légendaire — guérisons pseudo-miraculeuses, possessions du démon et résurrections imaginaires, — nous n'avons pas en vue d'ébranler dans l'esprit de nos lecteurs leur foi en Dieu, ni leur espérance d'une vie future. Nous estimons, au contraire, qu'il faut pieusement conserver ces salutaires et consolantes croyances, tant qu'on n'en aura pas démontré scientifiquement la fausseté, ce que

1. M. Guyau, entre autres, dans un livre tout récent édité par M. Félix Alcan (boulevard Saint-Germain, 108), et remarquable par la profondeur de vue et la puissance de dialectique, recherche quelles idées se dégageront du grand mouvement religieux qui a agité l'humanité, et termine son ouvrage par une esquisse des principales hypothèses métaphysiques qui se substitueront aux dogmes religieux.

nul ne peut avoir la prétention de faire. Nous croyons même que les découvertes de la science tendront de plus en plus à confirmer la notion d'un Dieu rationnel, en établissant l'existence d'une force unique, éternelle et infinie, origine et raison d'être de toutes choses, cause première et principe conservateur de l'ordre universel.

Quant à l'âme humaine, cette magnifique résultante de la pensée et du sentiment, ce chef-d'œuvre de la vie intellectuelle et morale, rien ne prouve qu'elle n'aboutisse pas à une entité capable de survivre aux causes qui l'ont produite. Bien loin que cette conception soit en désaccord avec la science positive, elle serait, au contraire, le couronnement naturel, logique et nécessaire de la théorie évolutioniste. Mais quel que soit le verdict des âges futurs sur ces graves questions, une chose est certaine, c'est que la Vérité seule, la Vérité incontestable et démontrée, mérite le titre de Religion, et que cette Religion de Vérité, nous aimons à le répéter, sera le seul culte de l'avenir.

APPENDICE

MENTEZ, MENTEZ, MES AMIS

OU LES

VÉRITABLES APÔTRES DU MENSONGE

Il est un procédé de polémique fort commode et encore plus malhonnête, mais d'un usage trop fréquent parmi les controversistes. C'est celui qui consiste à isoler un passage des ouvrages d'un auteur, et à le présenter ainsi au public, sans un mot de contexte, sans indication du sujet auquel il se rapporte, de façon à pouvoir lui prêter un sens et une portée manifestement contraires à sa véritable signification.

Telle a été en mainte circonstance la conduite des détracteurs de Voltaire. C'est ainsi qu'ils sont parvenus à représenter comme l'apôtre même du mensonge l'homme qui a tant combattu et tant souffert, pendant une si longue vie, pour la cause sacrée de la vérité et de la justice [1].

1. On sait que Voltaire fit réhabiliter Calas, Lally-Tollendal et un grand nombre d'autres victimes d'erreurs judiciaires.

On peut excuser les naïfs et les ignorants, habitués à jurer par les paroles des autres et incapables de juger par eux-mêmes ou de rechercher les preuves d'une assertion audacieusement mensongère. Mais que penser de ceux qui ont sciemment induit en erreur des générations entières, en dénaturant, avec une mauvaise foi insigne, des passages dont la véritable signification leur était manifestement connue?

Voici la vérité sur cette légende. Lorsque Voltaire livra sa tragédie de l'*Enfant prodigue* à la scène, il eut grand soin de le faire sous le couvert de l'anonyme, par crainte de la cabale cléricale qui n'eût pas manqué de mettre tout en œuvre pour faire tomber la pièce.

C'est ce qui était arrivé à la tragédie de *Mahomet* dont les représentations ne purent continuer. Voltaire eut alors l'idée de la dédier au Pape, qui, plus intelligent que le reste des croyants, l'en remercia par une lettre élogieuse. Voltaire la fit imprimer en tête du volume et la pièce fut ainsi sauvée.

Diverses personnes ayant soupçonné le nom du véritable auteur de l'*Enfant prodigue,* Voltaire, alarmé, écrivit à tous ses amis pour les conjurer de démentir ce bruit.

C'était un mensonge qu'il leur demandait. Aussi a-t-il bien soin de leur représenter que, dans une pareille circonstance, le mensonge est nécessaire, par suite innocent. Il les supplie donc de ne pas craindre de mentir et de nier hardiment, toutes les fois que l'occasion l'exigera, qu'il fût l'auteur de la pièce menacée.

Nous allons donner tous les passages de ses lettres qui ont trait à ce sujet. On n'y trouvera pas la fameuse phrase qu'on lui attribue, bien qu'elle n'ait été écrite ni par lui ni par personne *(Mentez, il en restera toujours quelque chose)*. Mais on y trouvera toutes celles dont le travestissement a permis à ses détracteurs de ternir sa réputation par des procédés empruntés à Escobar et à Basile, leurs immortels prototypes : *Calomnions, calomnions, il en restera toujours quelque chose.*

Hélas! oui, il en reste toujours quelque chose, car personne ne se donne la peine de remonter aux sources et de consulter les textes. C'est pourquoi nous croyons utile de fournir au lecteur toutes les pièces du procès.

« 10 Octobre 1737.

» A M. BERGER.

» A l'égard de l'*Enfant prodigue,* il faut, mon cher ami, soutenir à tout le monde que je n'en suis point l'auteur. C'est un secret uniquement entre M. d'Argental, Mlle Quinault et moi. M. Thiriot ne l'a su que par hasard ; en un mot, j'ai été fidèle à M. d'Argental, et il faut que vous me le soyez. Mandez-moi ce que vous en pensez, et recueillez les jugements des connaisseurs... »

« 15 Octobre.

» A M. THIRIOT.

» Je demande le secret plus que jamais sur cet anonyme qu'on joue. Vous connaissez l'*Envie,* vous savez comme ce vilain monstre est fait. S'il savait mon nom, il irait déchirer le même ouvrage qu'il approuve. Gardez-moi donc, vous Pollion et Polymnie[1], un secret

1. M. et Mme de la Popelinière.

inviolable. N'êtes-vous pas faits pour avoir toutes les vertus? Je vous le demande avec la dernière instance...»

« 18 Octobre.

» A M. Berger.

» Il faut que le secret soit toujours gardé sur l'*Enfant prodigue*... J'ai mes raisons. Vous ne sauriez me rendre un plus grand service que de dérouter les soupçons du public... »

« 21 Octobre.

» A M. Thiriot.

» Le mensonge n'est un vice que quand il fait du mal. C'est une très grande vertu, quand il fait du bien. Soyez donc plus vertueux que jamais. Il faut mentir comme un diable, non pas timidement, non pas pour un temps, mais hardiment et toujours. Qu'importe à ce malin de public qu'il sache qui il doit punir d'avoir produit une *Croupillac?* Qu'il la siffle si elle ne vaut rien, mais que l'auteur soit ignoré; je vous en conjure au nom de la tendre amitié qui nous unit depuis vingt ans. Engagez les Prevost et les La Roque à détourner les soupçons qu'on a du pauvre auteur. Ecrivez-leur un petit mot tranchant et net. Consultez avec l'ami Berger. Si vous avez mis Sauveau du secret, mettez-le du mensonge. Mentez, mes amis, mentez; je vous le rendrai dans l'occasion... »

Chacun peut maintenant juger par soi-même de quel côté sont les véritables apôtres du mensonge et de la calomnie.

Bordeaux. — Imprimerie G. Gounouilhou, rue Guiraude, 11

Bordeaux. — Imprimerie G. GOUNOUILHOU, rue Guiraude, 11.

www.ingramcontent.com/pod-product-compliance
Ingram Content Group UK Ltd.
Pitfield, Milton Keynes, MK11 3LW, UK
UKHW020323250726
13967UKWH00004B/1823